마음의 산책

채근담

초판 1쇄 인쇄 | 2019년 06월 20일
초판 1쇄 발행 | 2019년 06월 30일

옮긴이 | 김지수
펴낸곳 | 도서출판 춤추는 고래
펴낸이 | 임성구
디자인 | 디자인 감7
등록번호 | 제2015-000077호
주소 | 서울시 관악구 남부순환로 228길 85(202호)
전화 | 02-887-7930 팩스 | 02-6280-9257
ISBN 979-11-87869-18-0   03140

마음의 산책

채근담

김지수 옮김

춤추는고래

채근담 속으로

모든 것을 내던지고 정처 없이 멀리 떠나고 싶다.

발길이 닿는 대로 걷다가 지치면 멈춰 서서

먼 산을 바라보고, 노래를 부르고

술도 마시고, 물끄러미 뒤돌아보기도 하고…….

누군가를 만나면 오랜 벗에게 하듯이

손을 잡고 반가운 인사를 나누고 싶다.

그가 말하면 웃는 얼굴로 끝까지 들어 주고

하고 싶은 말이 있어도 조금은 남겨두고

아는 것이 있어도 드러내지 않고

모르는 것을 숨기지도 않고

가진 것이 있어도 자랑하지 않고

없어도 부러워하지 않고

다만 오래 함께하지 못함을 미안해하고…….

그와의 만남이 끝나면 아무것도 가슴에 담지 않고

느린 걸음으로, 빈 마음으로 뚜벅뚜벅

또다시 어딘가로 하염없이 가고 싶다.

하지만, 떠날 수가 없다.

이런저런 것들이 발길을 잡는다.

갖고 싶어도 가질 수 없고

주고 싶어도 줄 수 없고

가고 싶어도 갈 수가 없다.

그러나 삶은 다 할 수 없기에 살아볼 가치가 있는지도 모른다.

人常咬得菜根, 則百事可做

사람이 항상 나물 뿌리를 씹어 먹으면 어떤 일도 이룰 수 있다.

갈 곳도 없고 갈 수도 없어 채근담 속으로 들어가려고 한다. 한동안 그곳에 숨어 술을 마시며 향기로운 풀뿌리를 씹으련다. 마음의 문을 활짝 열고 있는 그대로의 향기를 느끼고 싶다. K, 같이 가지 않으련?

채근담은 명나라 만력(1573~1620) 때 유학자인 홍자성(洪自誠)이 쓴 책으로 전집(225장)과 후집(134장)으로 구성되어 있다. '菜根'은 송나라 유학자 왕신민(汪信民)이 말한 '人常咬得菜根, 則百事可做'에서 따온 말이다. 전집은 주로 선비가 세속에서 슬기롭게 살아가는 방법을, 후집은 자연에 묻혀 사는 사람의 여유로운 삶을 기술하고 있다. 유교적 사상이 중심을 이루지만 불교와 도교의 색채도 곳곳에 드러난다. 동양고전 번역본을 읽다 보면 도무지 무슨 말인지 알 수 없는 책들이 수두룩하다. 한자 하나하나에 얽매인 번역자의 잘못으로 한문을 모르는 사람들이 고전을 멀리하는 이유 중 하나일 것이다. 그들을 위해 한글로 읽어도 쉽게 이해할 수 있도록 옮겼다. 필요성을 느끼지 못해 주석도 달지 않았다. 앞으로 그들을 위한 쉬운 번역본이 많이 나왔으면 하는 바람이다.

- 하얀 벚꽃이 눈처럼 흩날리는 밤에

차례

제1부
前集

마음의 산책

001

도덕을 지키며 살아가는 이는 한때 외롭지만
권세를 따르는 사람은 오래도록 쓸쓸하다.
생의 이치를 깨달은 이는 보이지 않는 것을 보고
죽은 뒤의 자신을 생각하니
차라리 한동안 외로울지라도
오랜 세월 쓸쓸히 지내서는 아니 된다.

棲守道德者，寂寞一時。依阿權勢者，凄凉萬古。
達人觀物外之物，思身後之身，
寧受一時之寂寞，毋取萬古之凄凉。

🌸 002

세상을 적게 산 사람은 때도 적게 묻고
많은 일을 겪은 사람은 수단 또한 좋다.
그러므로 군자는 능숙하고 뛰어나기보다
순박하고 어리숙한 것이 낫고
세심하고 조심스럽기보다
차라리 빈틈이 있고 투박한 것이 낫다.

涉世淺, 點染亦淺。歷事深, 機械亦深。
故君子與其練達不若朴魯。與其曲謹不若疎狂。

🌸 003

군자의 마음은 하늘처럼 맑고 낮처럼 밝아
남들이 알지 못해서는 아니 되고
군자의 재주는 주옥과 같이 감추어져 있어
남들이 쉽게 알아서는 아니 된다.

君子之心事, 天靑日白, 不可使人不知。
君子之才華, 玉韞珠藏, 不可使人易知。

권세와 사치를 좋아하지 않는 사람은 깨끗하나
좋아하면서도 물들지 않는 사람이 더 깨끗하다.
지략과 기교를 모르고 사는 사람은 훌륭하지만
알면서도 부리지 않는 사람이 훨씬 더 훌륭하다.

勢利紛華, 不近者爲潔。近之而不染者爲尤潔。
智械機巧, 不知者爲高。知之而不用者爲尤高。

005

귀에는 늘 거슬리는 말이 있어야 하고
마음에는 항상 걸리는 일이 있어야 한다.
그것이 곧 덕을 쌓고 몸을 닦는 숫돌이다.
만약 듣는 말마다 귀를 즐겁게 하고
하는 일마다 마음을 기쁘게 한다면
이는 스스로 죽음을 향해 나아가는 것이다.

耳中常聞逆耳之言, 心中常有拂心之事,
纔是進德修行的砥石.
若言言悅耳, 事事快心, 便把此生, 埋在鴆毒中矣.

바람이 세차게 불고 폭우가 쏟아지면
새들은 근심으로 어찌할 바를 모르고
날이 개고 산뜻한 바람이 불어오면
풀과 나무는 기쁜 듯이 산들거리니
천지는 하루도 온화한 기운이 없어서는 안 되고
사람은 하루하루 즐거운 마음으로 살아가야 한다.

疾風怒雨, 禽鳥戚戚。霽日光風, 草木欣欣。
可見天地不可一日無和氣, 人心不可一日無喜神。

맛있는 술과 기름진 고기와
맵고 단 것이 참맛이 아니라
참된 맛은 단지 담백할 뿐이다.
신기하고 뛰어난 것이 있어야
높은 경지에 오른 사람이 아니고
그러한 사람은 단지 평범할 뿐이다.

醴肥辛甘非眞味。眞味只是淡。
神奇卓異非至人。至人只是常。

008

천지는 고요하여 움직임이 없으나
그 기운은 멈추지도 사라지지도 않고
해와 달은 밤낮으로 바삐 움직이나
그 밝음은 영원토록 변하지 않는다.
그러므로 군자는 한가히 지낼 때도
마음의 긴장 늦춰서는 안 되고
바쁜 일이 눈앞에 닥쳐올지라도
마음의 여유를 잃어서는 아니 된다.

天地寂然不動, 而氣機無息少停。
日月晝夜奔馳, 而貞明萬古不易。
故君子閒時要有喫緊的心事, 忙處要有悠閒的趣味。

009

밤이 깊어 인적이 끊어졌을 때
홀로 앉아 마음을 들여다보면
비로소 헛된 것이 사라지고
참된 것만 오로지 드러나니
그때 큰 기쁨을 얻을 수 있다.
참된 것이 드러남을 이미 알고도
헛된 것을 멀리 떨치지 못하면
그때 큰 부끄러움을 느낄 것이다.

夜深人靜, 獨坐觀心,
始覺妄窮而眞獨露, 每於此中, 得大機趣。
旣覺眞現而妄難逃, 又於此中, 得大慙忸。

🦋 010

은혜를 입은 뒤에는 재앙이 닥쳐오니
기쁠 때는 먼저 주위를 살펴봐야 한다.
실패한 뒤에 도리어 성공할 수 있으니
마음에 거슬려도 바로 그만두면 안 된다.

恩裡, 由來生害。故快意時, 須早回頭。
敗時, 或反成功。故拂心處, 莫便放手。

🦋 011

명아주를 먹고 비름나물로 속을 채워도
얼음처럼 맑고 옥처럼 깨끗한 사람이 많고
좋은 옷을 걸치고 맛있는 음식을 즐겨도
비굴한 얼굴로 굽실거리는 사람이 있다.
대개 지조는 맑고 깨끗해야 밝게 드러나고
절개는 부귀와 영화를 따르다가 잃고 만다.

藜口莧腸者, 多氷淸玉潔。袞衣玉食者, 甘婢膝奴顔。
蓋志以澹泊明, 而節從肥甘喪也。

🌸 012

살아서는 마음 씀씀이가 너그러워
불평하는 소리가 들리지 않아야 하고
죽어서는 베푼 것이 오래도록 남아
부족하게 여기는 사람이 없어야 한다.

面前的田地，要放得寬，使人無不平之歎。
身後的惠澤，要流得久，使人有不􀀀之思。

🌸 013

길이 좁은 곳에서 사람과 마주치면
한 걸음 비켜서 먼저 지나가게 하고
맛있는 음식이 있으면 조금 덜어내어
남이 맛볼 수 있도록 양보해야 한다.
이것이 바로 이 세상을 살아갈 때
가장 편하고 즐겁게 지내는 방법이다.

徑路窄處，留一步與人行。滋味濃的，減三分讓人嗜。
此是涉世一極安樂法。

🌸 014

사람이 아주 큰 일을 이루지 못해도
세속적인 것에서 벗어날 수 있으면
곧 이름 있는 사람이 될 수가 있고
학문을 닦아 많은 것을 얻지 못해도
재물을 쌓고자 하는 마음을 버리면
곧 성인의 경지를 뛰어넘을 수 있다.

作人, 無甚高遠事業, 擺脫得俗情, 便入名流。
爲學, 無甚增益工夫, 減除得物累, 便超聖境。

🌸 015

벗을 사귈 때는 적당한 의협심을 가져야 하고
사람됨에는 순수한 마음이 조금은 있어야 한다.

交友, 須帶三分俠氣。
作人, 要存一點素心。

016

은택을 입으려고 앞에 서지 말고
덕을 베풀 때는 뒤에 서지 마라.
얻어서 누릴 땐 분수에 맞게 하고
몸을 닦을 때는 만족해하지 마라.

寵利, 毋居人前。德業, 毋落人後。
受享, 毋踰分外。修爲, 毋減分中。

017

세상을 살아갈 때는 한 걸음 물러섬이 좋으니
물러서는 것은 곧 앞으로 나아가는 밑바탕이다.
사람을 대할 땐 조금 너그러운 것이 복이 되니
남을 위한 일은 곧 나를 이롭게 하는 터전이다.

處世, 讓一步爲高。退步, 卽進步的張本。
待人, 寬一分是福。利人, 實利己的根基。

🦋 018

세상을 덮을 만한 공을 세워도
절대로 자랑하지 말아야 한다.
하늘에 미치는 죄를 저질러도
뉘우치면 용서를 받을 수 있다.

蓋世功勞, 當不得一個矜字。
彌天罪過, 當不得一個悔字。

🦋 019

명예와 절개를 혼자만의 것으로 하지 마라.
조금 덜어 남에게 주면 해를 면할 수 있다.
잘못과 오명을 남에게 모두 떠넘기지 마라.
적게라도 짊어지면 몰래 덕을 쌓을 수 있다.

完名美節, 不宜獨任。分些與人, 可以遠害全身。
辱行汚名, 不宜全推。引些歸己, 可以韜光養德。

하는 일을 다 이루려 하지 마라.
그러면 조물주가 싫어하지 않고
귀신도 해치려고 하지 않는다.
모든 일을 기필코 이루려 하고
공이 반드시 넘치기를 바라면
안에서 변고가 일어나지 않아도
밖에서 반드시 우환이 찾아든다.

事事留個有餘不盡的意思,
便造物不能忌我 鬼神不能損我。
若業必求滿, 功必求盈者, 不生內變, 必召外憂。

가정에는 참다운 부처가 한 명씩 있고
일상에는 올바른 도가 한 가지씩 있다.
마음을 바로잡고 기운은 온화하게 하고
얼굴은 밝게 하고 말은 부드럽게 하며
부모 형제가 하나가 되어 뜻을 나누면
그것이 명상을 즐기는 것보다 훨씬 낫다.

家庭有個眞佛，日用有種眞道。
人能誠心和氣，愉色婉言，
使父母兄弟間，形骸兩釋，意氣交流，
勝於調息觀心萬倍矣。

바쁘게 움직이기를 좋아하는 사람은
구름 속의 번개와 바람 앞의 등불 같고
조용히 지내기를 좋아하는 사람은
식어 버린 재와 말라 죽은 나무와 같다.
모름지기 고요한 구름 아래 솔개가 날고
잔잔한 물속에서 물고기가 뛰어노니
이것이 바로 도를 닦은 사람의 마음이다.

好動者, 雲電風燈。 嗜寂者, 死灰槁木。
須定雲止水中, 有鳶飛魚躍氣象, 纔是有道的心體。

023

남의 잘못을 꾸짖을 땐 너무 엄하면 안 되고
반드시 받아들일 수 있는지를 생각해야 한다.
바른 것을 가르칠 땐 너무 어려우면 안 되고
마땅히 따를 수 있는지를 헤아려 봐야 한다.

攻人之惡，毋太嚴。要思其堪受。
敎人以善，毋過高。當使其可從。

굼벵이는 더러워도 변하여 매미가 되고
가을바람을 맞으며 맑은 이슬을 마신다.
반딧불은 빛이 없는 썩은 풀에서 생겨나
여름밤에 달빛을 받으며 밝은 빛을 낸다.
깨끗한 것은 항상 더러운 것에서 나오고
밝은 것은 항상 어두운 곳에서 생겨난다.

糞蟲至穢, 變爲蟬, 而飮露於秋風。
腐草無光, 化爲螢, 而輝采於夏月。
固知潔常自汚出, 明每從晦生也。

🌸 025

자랑하고 거만하게 구는 것은 객기에 지나지 않으니
낮추고 낮춰 객기를 버린 뒤에야 정기가 드러난다.
사사로운 정과 욕심은 모두 헛된 마음에서 비롯되니
버리고 버려 헛된 마음을 없애야 참 마음이 드러난다.

矜高倨傲, 無非客氣。降伏得客氣下而後, 正氣伸。
情欲意識, 盡屬妄心。消殺得妄心盡而後, 眞心現。

🌸 026

배가 부르면 맛있고 없는 것이 다 사라지고
정을 통한 뒤에는 남녀의 구별마저 없어진다.
그러므로 늘 뒤에 뉘우치고 깨닫는 마음으로
어리석음과 어지러움에서 벗어날 수 있다면
마음이 안정되고 행동에 잘못이 없을 것이다.

飽後思味, 則濃淡之境都消。色後思婬, 則男女之見盡絕。
故人常以事後之悔悟, 破臨事之癡迷, 則性定而動無不正。

027

높은 벼슬자리에 있을지라도
마음은 자연과 함께해야 하고
자연에 묻혀서 살아갈지라도
나랏일에 뜻을 두어야만 한다.

居軒冕之中, 不可無山林的氣味。
處林泉之下, 須要懷廊廟之經綸。

028

세상을 살면서 공만 세우려고 하지 마라.
허물을 만들지 않으면 그것이 곧 공이다.
베풀고 그 덕에 감동하기를 바라지 마라.
원망을 쌓지 않으면 그것이 바로 덕이다.

處世, 不必邀功。無過便是功。
與人, 不求感德。無怨便是德。

029

가슴을 졸이면서 부지런히 사는 것은 미덕이나
너무 심하면 마음을 바르고 즐겁게 할 수 없다.
맑고 깨끗이 살아가는 것은 훌륭한 기품이지만
지나치면 사람을 돕고 사물을 이롭게 할 수 없다.

憂勤是美德。太苦則無以適性怡情。
澹泊是高風。太枯則無以濟人利物。

030

일이 막히고 기세가 꺾인 사람은
마땅히 초심으로 돌아가야 하고
공을 이루고 일이 넘치는 사람은
반드시 그 말로를 생각해야 한다.

事窮勢蹙之人, 當原其初心。
功成行滿之士, 要觀其末路。

031

부귀한 집안은 너그러워야 하지만
오히려 이웃을 시기하고 깎아내린다.
이는 부귀해도 가난하고 천한 것이니
어찌 누리면서 살아갈 수 있겠는가.
총명한 사람은 자신을 감추어야 하나
도리어 스스로 자랑하고 드러낸다.
이는 총명하지만 어리석은 것이니
어찌 실패하지 않을 수가 있겠는가.

富貴家宜寬厚, 而反忌刻。
是富貴而貧賤其行矣, 如何能享。
聰明人宜斂藏, 而反炫耀。
是聰明而愚懵其病矣, 如何不敗。

🦋 032

낮은 곳에 있어 봐야

높은 곳이 위험하다는 것을 알고

어둠 속에 있어 봐야

밝은 곳이 드러난다는 것을 안다.

고요히 지낸 뒤에야

움직이는 것이 수고로운 줄 알고

침묵을 지킨 뒤에야

말이 많은 것이 시끄러운 줄 안다.

居卑而後知登高之爲危。處晦而後知向明之太露。

守靜而後知好動之過勞。養默而後知多言之爲躁。

033

공명과 부귀를 얻으려는 마음을 버리면
곧 범인의 굴레에서 벗어날 수 있고
도덕과 인의를 지키려는 마음을 버리면
비로소 성인의 경지에 들어설 수 있다.

放得功名富貴之心下, 便可脫凡。
放得道德仁義之心下, 纔可入聖。

034

가지려는 욕심이 마음을 해치는 것이 아니라
생각하는 것이 마음을 갉아먹는 벌레이다.
음악과 여색이 도를 가로막는 것이 아니라
눈과 귀가 밝은 것이 도를 가리는 울타리이다.

利欲未盡害心, 意見乃害心之蟊賊。
聲色未必障道, 聰明乃障道之藩屏。

035

사람의 마음은 수시로 변하고
인생의 길은 험하기 그지없다.
나아갈 수 없는 곳에 이르면
한걸음 물러설 줄 알아야 하고
나아갈 수 있는 곳에 이르면
적당히 양보할 줄 알아야 한다.

人情反復，世路崎嶇。
行不去處，須知退一步之法。
行得去處，務加讓三分之功。

036

소인에게 엄하기는 어렵지 않으나
미워하지 않는 것이 오히려 어렵고
군자에게 공손하기는 어렵지 않으나
예절을 갖추는 것이 오히려 어렵다.

待小人，不難於嚴，而難於不惡。
待君子，不難於恭，而難於有禮。

037

차라리 총명함을 버리고 순박하게 살며
바른 기운을 조금 천지에 돌려줘야 한다.
차라리 화려함을 버리고 담백하게 살며
깨끗한 이름을 조금 세상에 남겨야 한다.

寧守渾噩而黜聰明，有些正氣還天地。
寧謝紛華而甘澹泊，有個淸名在乾坤。

038

악마를 물리치려면 먼저 마음을 가라앉혀야 한다.
마음이 가라앉으면 온갖 악마가 순순히 물러간다.
사나운 마음을 다스리려면 먼저 기운을 다스려라.
기운이 안정되면 사나운 마음이 생겨나지 않는다.

降魔者，先降自心。心伏，則群魔退聽。
馭橫者，先馭此氣。氣平，則外橫不侵。

039

제자를 가르칠 때는 처녀를 키우듯이 하여
출입은 엄하고 사귐은 삼가도록 해야 한다.
만약 한 번이라도 그릇된 사람과 어울리면
좋은 밭에 나쁜 씨앗을 뿌리는 것 같으니
죽는 날까지 훌륭한 인물로 키우기 어렵다.

敎弟子，如養閨女，最要嚴出入謹交遊。
若一接近匪人，是淸淨田中，
下一不淨種子，便終身難植嘉禾。

040

욕망을 좇는 일이 즐겁다고 잠시라도 맛보지 마라.
한 번 맛보면 이내 깊은 수렁으로 빠져들고 만다.
이치를 따르는 일이 어렵다고 조금 물러서지 마라.
한 번 물러서면 곧 헤아릴 수 없을 만큼 멀어진다.

欲路上事, 毋樂其便而姑爲染指。一染指, 便深入萬仞。
理路上事, 毋憚其難而稍爲退步。一退步, 便遠隔千山。

🦋 041

다정한 사람은 자신에게 후하듯이
남에게도 후하고 언제나 다정하다.
담백한 사람은 자신에게 박하듯이
남에게도 박하고 매사에 담백하다.
그러므로 군자는 평상시의 마음이
너무 다정해도 담백해도 아니 된다.

念頭濃者, 自待厚, 待人亦厚, 處處皆濃。
念頭淡者, 自待薄, 待人亦薄, 事事皆淡。
故君子居常嗜好, 不可太濃艶, 亦不可太枯寂。

042

남이 재산을 자랑하면 인을 내세우고
벼슬을 자랑하면 의를 내세우니
군자는 임금과 재상에게 매이지 않는다.
사람이 바르게 살면 하늘을 이기고
뜻이 한결같으면 천기를 움직이니
군자는 조물주의 틀에 갇히지 않는다.

彼富我仁, 彼爵我義。君子固不爲君相所牢籠。
人定勝天, 志一動氣。君子亦不受造物之陶鑄。

043

세상에 나아가 한 걸음 앞서가지 않으면
먼지 구덩이 속에서 옷을 털고
진흙탕에 발을 씻는 것과 같으니
어찌 남을 뛰어넘고 뜻을 이룰 수 있겠는가.
세상을 살아갈 때 한 걸음 물러서지 않으면
불나방이 등불을 향해서 날아들고
숫양이 울타리를 들이박는 것과 같으니
어찌 편안하고 즐겁게 살아갈 수 있겠는가.

立身, 不高一步位, 如塵裡振衣泥中濯足, 如何超達。
處世, 不退一步處, 如飛蛾投燈羝羊觸藩, 如何安樂。

044

배울 때는 반드시 정신을 가다듬고
오로지 한 길로만 나아가야 한다.
덕을 쌓으며 성공과 명예에 뜻을 두면
결코 올바른 길로 나아갈 수 없고
책을 보며 시를 읊는 것에만 취하면
끝끝내 마음의 깊이를 더할 수가 없다.

學者要收拾精神，併歸一路。
如修德而留意於事功名譽，必無實詣。
讀書而寄興於吟咏風雅，定不深心。

사람은 누구나 큰 자비심이 있으니
보살과 백정의 마음이 다르지 않다.
세상에는 나름의 참된 멋이 있으니
좋은 집과 나쁜 집에는 차이가 없다.
단지 욕심에 이끌리고 정에 얽매여
잘못을 저지르고 천 리만큼 멀어진다.

人人有個大慈悲，維摩屠劊，無二心也。
處處有種眞趣味，金屋茅簷，非兩地也。
只是欲蔽情封，當面錯過，使咫尺千里矣。

046

덕을 쌓고 도를 닦아 나아갈 땐
목석과 같은 마음을 지녀야 한다.
조금이라도 기뻐하고 부러워하면
곧 욕망의 세계로 빠져들게 된다.
세상을 구하고 나라를 다스릴 땐
운수와 같은 마음을 지녀야 한다.
한 번이라도 탐을 내고 집착하면
곧 위태로운 지경에 빠지고 만다.

進德修道, 要個木石的念頭。若一有欣羨, 便趨欲境。
濟世經邦, 要段雲水的趣味。若一有貪著, 便墮危機。

착한 사람은 행동이 안정되고 바를 뿐 아니라
잠을 잘 때도 마음에 온화한 기운이 가득하다.
악한 사람은 하는 일이 사납고 거칠 뿐 아니라
목소리와 웃으며 하는 말에도 살기가 섞여 있다.

吉人無論作用安詳，則夢寐神魂，無非和氣。
凶人無論行事狼戾，則聲音咲語，渾是殺機。

048

간장에 병이 들면 눈이 잘 보이지 않고
신장에 병이 들면 귀가 잘 들리지 않는다.
병은 사람이 볼 수 없는 곳에 찾아들지만
반드시 여러 사람이 보는 곳에 드러난다.
군자가 밝은 곳에서 죄를 짓지 않으려면
먼저 어두운 곳에서 죄를 짓지 말아야 한다.

肝受病, 則目不能視。腎受病, 則耳不能聽。
病受於人所不見, 必發於人所共見。
故君子欲無得罪於昭昭, 先無得罪於冥冥。

049

일이 적은 것보다 더 큰 복은 없고
생각이 많은 것보다 더 큰 화는 없다.
오로지 일에 시달려 본 사람만이
일이 적는 것이 복이라는 것을 알고
마음을 편안히 가져 본 사람만이
생각이 많은 것이 화라는 것을 안다.

福莫福於少事，　禍莫禍於多心。
唯苦事者，　方知少事之爲福。
唯平心者，　始知多心之爲禍。

🌸 050

세상이 태평할 땐 바르게 살아가야 하고
세상이 혼란할 땐 원만하게 살아야 하며
평범한 세상에서는 바르고 원만해야 한다.
선한 사람을 대할 때는 너그러워야 하고
악한 사람을 대할 때는 엄격해야만 하며
평범한 사람에겐 너그럽고 엄격해야 한다.

處治世, 宜方。 處亂世, 宜圓。 處叔季之世, 當方圓互用。
待善人, 宜寬。 待惡人, 宜嚴。 待庸衆之人, 當寬嚴互存。

🌸 051

남에게 도움을 주면 잊어야 하고
잘못을 하면 잊어서는 아니 된다.
은혜를 입으면 잊지 말아야 하고
원한은 마음에 새기면 아니 된다.

我有功於人, 不可念, 而過則不可不念。
人有恩於我, 不可忘, 而怨則不可不忘。

은혜를 베푼 뒤 마음에 두지 않고
밖으로 남에게 드러내지 않으면
한 말로 만 섬을 베푼 것과 같다.
도움을 준 뒤 베푼 것을 헤아리고
그것에 대하여 보답을 요구하면
아무리 베풀어도 공은 다 사라진다.

施恩者, 內不見己, 外不見人, 則斗粟可當萬鍾之惠。
利物者, 計己之施, 責人之報, 則百鎰難成一文之功。

🦋 053

사람은 이룬 이도 못 이룬 이도 있는데
어찌 나만 혼자서 이룰 수가 있겠는가.
내 마음이 옳을 때도 그를 때도 있는데
어찌 남들이 모두 옳을 수가 있겠는가.
이처럼 남을 살피고 견주며 사는 것이
세상을 살아가는 하나의 좋은 방법이다.

人之際遇, 有齊有不齊, 而能使己獨齊乎。
己之情理, 有順有不順, 而能使人皆順乎。
以此相觀對治, 亦是一方便法門。

054

마음의 바탕이 하늘처럼 깨끗해야
비로소 책을 읽고 옛것을 배울 수 있다.
그렇지 않으면 한 가지 착한 일을 보면
그것으로 몰래 자신의 사심을 채우고
한 마디 좋은 말을 들으면
그것으로 자신의 단점을 덮어 버린다.
이는 도적에게 병기를 빌려주고
도둑에게 양식을 보내는 것과 같다.

心地乾淨, 方可讀書學古。
不然, 見一善行, 竊以濟私, 聞一善言, 假以覆短。
是又藉寇兵而齎盜糧矣。

055

사치를 즐기는 사람은 부유해도 만족할 줄 모르니
어찌 검소한 이가 가난해도 여유로운 것만 하겠는가.
능력 있는 사람은 힘써 일해도 원한을 사게 되니
어찌 서툰 이가 편하고 참되게 사는 것과 같겠는가.

奢者, 富而不足。何如儉者, 貧而有餘。
能者, 勞而府怨。何如拙者, 逸而全眞。

책을 읽고도 성현을 만나지 못하면
글을 베끼는 품팔이에 지나지 않고
벼슬을 하며 백성을 사랑하지 않으면
의관을 갖춘 도둑에 지나지 않는다.
학문을 가르치며 몸소 행하지 않으면
입으로만 떠드는 것에 지나지 않고
사업을 일으키고 덕을 베풀지 않으면
잠시 피었다가 지고 마는 꽃과도 같다.

讀書, 不見聖賢, 爲鉛槧傭。居官, 不愛子民, 爲衣冠盜。
講學, 不尙躬行, 爲口頭禪。立業, 不思種德, 爲眼前花。

057

사람의 마음에는 참된 문장이 하나씩 있으나
온전하지 못한 책 속의 몇 마디에 가려지고
아름다운 음악 또한 한 가지씩 있기 마련이나
요사스러운 노래와 농염한 춤에 묻혀 버린다.
배우는 사람은 반드시 외부의 유혹을 떨치고
본성을 찾아야만 참된 것을 받아들일 수 있다.

人心有一部眞文章, 都被殘編斷簡封錮了。
有一部眞鼓吹, 都被妖歌艶舞湮沒了。
學者須掃除外物, 直覓本來, 纔有個眞受用。

058

괴로울 땐 항상 기쁜 일이 생기기를 바라고
뜻을 이룬 뒤에는 문득 잃을 것을 걱정한다.

苦心中, 常得悅心之趣。
得意時, 便生失意之悲。

059

부귀와 명예를 도와 덕으로 얻게 되면
서서히 번져가는 산속의 꽃과도 같고
스스로 열심히 일한 대가로 얻게 되면
옮기면 피기도 지기도 하는 화분의 꽃과 같다.
권력으로 얻는 것은 꽃병에 핀 꽃과 같으니
뿌리 없이 시드는 모습을 서서 바라볼 수 있다.

富貴名譽, 自道德來者, 如山林中花, 自是舒徐繁衍。
自功業來者, 如盆檻中花, 便有遷徙廢興。
若以權力得者, 如瓶鉢中花, 其根不植, 其萎可立而待矣。

봄이 한창 깊어 가고 날씨가 화창해지면
꽃들은 한층 더 아름다운 빛깔을 드러내고
새들도 고운 소리로 몇 마디 노래를 부른다.
선비가 다행히 두각을 나타내 넉넉해진 뒤
옳은 말과 바른 일을 하려고 하지 않으면
백 년을 살아도 하루를 살지 못한 것과 같다.

春至時和，花尙鋪一段好色，鳥且囀幾句好音。
士君子，幸列頭角，復遇溫飽，
不思立好言行好事，雖是在世百年，恰似未生一日。

061

배우는 사람은 삼가는 마음이 있어야 하고
한편으로는 시원스러운 멋도 지녀야 한다.
마음이 한결같이 깨끗하고 모질기만 하면
가을의 살기만 있고 봄의 생기가 없는 것이니
무엇으로 만물이 나고 자라게 할 수 있겠는가.

學者要有段兢業的心思, 又要有段瀟灑的趣味。
若一味斂束淸苦, 是有秋殺無春生, 何以發育萬物。

062

진실로 청렴한 이는 청렴을 드러내지 않으니
드러내는 사람은 오직 탐욕이 있기 때문이다.
재주가 아주 좋은 이는 재주를 부리지 않으니
재주를 부리는 사람은 단지 서툴기 때문이다.

眞廉, 無廉名。立名者, 正所以爲貪。
大巧, 無巧術。用術者, 乃所以爲拙。

063

절로 기울도록 한 그릇은 가득 차면 기울고
흙으로 만든 저금통은 비어 있어야 온전하다
그러므로 군자는 없어도 가지려 하지 않고
모자라는 것이 있어도 채우려고 하지 않는다.

敧器以滿覆。撲滿以空全。
故君子寧居無，不居有。寧處缺，不處完。

명예욕을 버리지 못한 사람은
제후의 자리를 하찮게 여기고
한 바가지의 물을 달게 마셔도
내내 속세의 정을 떨치지 못한다.
객기를 누르지 못하는 사람은
온 세상에 은덕을 널리 베풀고
자손을 대대로 이롭게 할지라도
끝내 헛된 재주를 부리는 것이다.

名根未拔者, 縱輕千乘甘一瓢, 總墮塵情。
客氣未融者, 雖澤四海利萬世, 終爲剩技。

065

마음의 본바탕이 밝고 깨끗하면
어두운 방에서 푸른 하늘이 보이고
생각하는 것이 어리석고 어두우면
대낮에도 사나운 귀신이 나타난다.

心體光明, 暗室中, 有靑天。
念頭暗昧, 白日下, 生厲鬼。

066

사람들은 명예와 지위를 얻으면 즐거워하지만
없을 때의 즐거움이 가장 크다는 것을 모른다.
사람들은 배고픔과 추위를 근심으로 여기지만
없을 때의 근심이 훨씬 심하다는 것을 모른다.

人知名位爲樂, 不知無名無位之樂爲最眞。
人知饑寒爲憂, 不知不饑不寒之憂爲更甚。

악한 짓을 하고 남이 알까 두려워하는 것은
악행 속에 선한 마음이 숨어 있기 때문이다.
선한 짓을 하고 남이 모를까 안달하는 것은
선행 속에 악한 마음이 숨어 있기 때문이다.

爲惡而畏人知，惡中猶有善路。
爲善而急人知，善處卽是惡根。

068

천지가 하는 일은 헤아릴 수 없으니
그르치다 도와주고 돕다가 그르친다.
이러한 일은 모두 영웅을 희롱하고
호걸을 쓰러뜨리려고 하는 짓이다.
군자는 나쁜 일도 순리로 받아들이고
편안히 살아도 위태로울 때를 생각하니
하늘도 그러한 재주를 부리지 않는다.

天地機緘不測。抑而伸，伸而抑。
皆是播弄英雄，顚倒豪傑處。
君子只是逆來順受，居安思危，天亦無所用其伎倆矣。

069

성질이 메마른 사람은 불꽃과 같아서
마주치는 것마다 모두 불태우려 하고
인정이 없는 사람은 얼음같이 차가워
만나는 것마다 반드시 없애려고 한다.
고집이 센 사람은 썩은 물과 나무처럼
생명의 기운을 이미 다하고 말았으니
공을 세우지도 복을 부르지도 못한다.

燥性者，火熾，遇物則焚。
寡恩者，氷淸，逢物必殺。
凝滯固執者，如死水腐木，生機已絕。
俱難建功業而延福祉。

070

복은 구할 수 없으니 바른 정신을 길러
복을 불러들이는 근본으로 삼아야 한다.
화는 피할 수 없으니 살기를 떨쳐 내고
화를 멀리하는 방편으로 삼아야만 한다.

福不可徼。養喜神，以爲召福之本而已。
禍不可避。去殺機，以爲遠禍之方而已。

🦋 071

열 마디 말 중에서 아홉이 맞아도 칭찬하지 않지만
한 마디가 틀려도 헐뜯는 소리는 곳곳에서 들려온다.
열 가지 일에서 아홉을 이뤄도 공은 돌아오지 않으나
하나를 이루지 못하면 헐뜯는 말이 수없이 생겨난다.
그리하여 군자는 침묵할지언정 많은 말을 하지 않고
차라리 어리석게 보일지언정 재주를 부리지 아니한다.

十語九中, 未必稱奇。一語不中, 則愆尤駢集。
十謀九成, 未必歸功。一謀不成, 則訾議叢興。
君子所以寧默毋躁, 寧拙毋巧。

072

천지의 기운은 따듯하면 솟아나고 추워지면 움츠린다.
그러므로 마음이 차가우면 받고 누리는 것 또한 적다.
오직 온화한 사람만이 많은 복을 받고 은택도 오래간다.

天地之氣，暖則生，寒則殺。
故性氣淸冷者，受享亦涼薄。
唯和氣熱心之人，其福亦厚，其澤亦長。

073

하늘의 이치를 따르는 길은 너무나도 넓으니
조금만 마음을 써도 가슴속이 넓고 밝아진다.
사람의 욕심이 향하는 길은 너무나도 좁으니
겨우 들어가도 눈앞이 다 가시밭과 진창이다.

天理路上，甚寬。稍游心，胸中便覺廣大宏朗。
人欲路上，甚窄。纔寄迹，眼前俱是荊棘泥塗。

괴로움과 즐거움은 서로 갈고 닦는 것이니
그런 뒤에 얻은 복이라야 비로소 오래간다.
의심과 믿음은 서로 살피고 고치는 것이니
그러한 뒤에 얻은 지혜라야 비로소 참되다.

一苦一樂, 相磨練, 練極而成福者, 其福始久。
一疑一信, 相參勘, 勘極而成知者, 其知始眞。

마음은 비우지 않으면 안 되니
비우면 의리가 찾아와서 머문다.
마음은 참되지 않으면 안 되니
참되면 물욕이 생겨나지 않는다.

心不可不虛。虛則義理來居。
心不可不實。實則物欲不入。

땅이 비록 더러워도 수많은 생명이 살아가지만
물이 너무 맑으면 물고기가 제대로 살 수 없다.
그러므로 군자는 더러움마저 받아들여야 하고
맑은 것만 즐겨 혼자 지조를 지켜서는 안 된다.

地之穢者，多生物。水之淸者，常無魚。
故君子當存含垢納汚之量，不可持好潔獨行之操。

077

수레를 뒤엎는 말도 잘 달리게 할 수 있고
끓는 쇳물도 끝내는 형틀에 부을 수 있다.
사람이 놀이에 빠져들어 헤어나지 못하면
죽는 날까지 아무런 일도 이룰 수가 없다.
백사가, 허물이 많은 것이 부끄러움이 아니라
평생 허물이 없는 것이 나의 근심이라 했으니
참으로 옳은 말이다.

泛駕之馬, 可就驅馳。躍冶之金, 終歸型範。
只一優游不振, 便終身無個進步。
白沙云, 爲人多病未足羞, 一生無病是吾憂, 眞確論也。

사람이 사심만을 채우려고 하면
굳은 마음이 사라져 나약해지고
지혜를 잃어버려 어리석어지고
은혜를 저버리고 가혹해지며
깨끗한 것이 물들어 더러워지니
평생 쌓은 인품이 무너지고 만다.
옛사람은 탐하지 않는 것을 보배로 여겼으니
한세상을 뛰어넘는 방법이기 때문이다.

人只一念貪私，便銷剛爲柔，塞智爲昏，
變恩爲慘，染潔爲汚，壞了一生人品。
故古人以不貪爲寶，所以度越一世。

079

귀가 듣고 눈이 보는 것은 밖의 적이고
정욕과 의식은 안에서 생겨나는 적이다.
오직 생각이 깨어 있어 어리석지 않고
혼자서 마음의 중심을 잡을 수 있으면
적이 곧 변하여 집안사람과 같이 된다.

耳目見聞爲外賊, 情欲意識爲內賊。
只是主人翁, 惺惺不昧, 獨坐中堂, 賊便化爲家人矣。

080

아직 이루지 못한 공을 헤아리는 것은
앞서 이룬 공을 지키는 것만 못하고
이미 저지른 잘못을 뉘우치는 것은
앞으로 잘못을 하지 않는 것만 못하다.

圖未就之功, 不如保已成之業。
悔已往之失, 不如防將來之非。

기상은 반드시 높고 밝아야 하며
거칠고 사나워서는 아니 된다.
마음은 반드시 곱고 깊어야 하며
천하고 자질구레해서는 아니 된다.
취미는 반드시 온화하고 담백해야 하며
치우치고 메말라서는 아니 된다.
지조는 반드시 곧고 깨끗해야 하며
너무 굳세고 모질어서는 아니 된다.

氣象要高曠, 而不可疏狂。心思要縝密, 而不可瑣屑。
趣味要冲淡, 而不可偏枯。操守要嚴明, 而不可激烈。

082

바람이 성긴 대나무 숲으로 불어와도
지나가면 아무런 소리도 남지 않는다.
기러기가 차가운 연못 위로 날아가도
지나가면 아무 그림자도 남지 않는다.
군자는 일이 생기면 마음을 드러내고
일이 끝나면 허공과 같이 비워야 한다.

風來疎竹, 風過而竹不留聲。 雁度寒潭, 雁去而潭不留影。
故君子, 事來而心始現, 事去而心隨空。

083

청렴해도 너그러운 마음을 지니고
어질어도 결단력이 있어야 한다.
밝게 알아도 너무 살피면 안 되고
정직해도 너무 따져서는 아니 된다.
이는 꿀을 넣은 음식이 달지 않고
해산물이 짜지 않은 것과 같으니
비로소 아름다운 덕이라 할 수 있다.

清能有容, 仁能善斷, 明不傷察, 直不過矯,
是謂蜜餞不甜, 海味不鹹, 纔是懿德。

가난하게 살아도 집 안을 깨끗이 하고
못사는 여인도 머리를 단정히 빗으면
그 모습이 비록 화려하지는 않아도
풍치 있고 조촐한 기품은 절로 드러난다.
군자가 한때 가난해 쓸쓸히 지내도
어찌 스스로 쉽게 무너질 수 있겠는가.

貧家淨拂地, 貧女淨梳頭, 景色雖不艶麗, 氣度自是風雅。
士君子一當窮愁寥落, 奈何輒自廢弛哉。

085

한가할 때 그냥 지나치지 않으면
바쁜 일이 생겼을 때 쓸모가 있고
고요할 때 헛되이 보내지 않으면
움직여야 할 때 쓸모가 있으며
혼자 있을 때 속이고 숨기지 않으면
남이 지켜볼 때 쓸모가 있을 것이다.

閒中不放過, 忙處有受用。
靜中不落空, 動處有受用。
暗中不欺隱, 明處有受用。

마음이 욕망을 좇아가는 것을 알면
곧바로 이성을 따르도록 힘써야 한다.
생각이 한 번 생겨나면 바로 느끼고
한 번 느끼면 이내 바로잡아야 하니
이것이 곧 화를 돌려 복이 되게 하고
죽음을 넘어 삶으로 가는 첫걸음이다.
절대로 가볍게 지나쳐서는 아니 된다.

念頭起處, 纔覺向欲路上去, 便挽從理路上來。
一起便覺, 一覺便轉。
此是轉禍爲福起死回生的關頭, 切莫輕易放過。

고요한 가운데에 생각이 깨끗하면
마음의 참된 모습을 볼 수가 있고
한가한 가운데에 기운이 안정되면
마음의 참된 바탕을 알 수 있으며
평온한 가운데에 의지가 뚜렷하면
마음의 참된 멋을 느낄 수가 있다.
마음을 들여다보고 도를 깨달을 때
이 세 가지보다 더 나은 것은 없다.

靜中念慮澄徹, 見心之眞體。
閑中氣象從容, 識心之眞機。
淡中意趣冲夷, 得心之眞味。觀心證道, 無如此三者。

088

고요한 곳에서 지키는 고요는 참된 고요가 아니고
움직임 속에서 얻은 고요가 마음의 참된 경지이다.
즐거운 곳에서 느낀 즐거움은 참된 즐거움이 아니고
괴로움 속에서 얻은 즐거움이 마음의 참된 모습이다.

靜中靜非眞靜。動處靜得來, 纔是性天之眞境。
樂處樂非眞樂。苦中樂得來, 纔見心體之眞機。

089

어떤 일에 자신을 바쳤으면 의심하지 마라.
의심하면 바친 뜻이 곧 큰 부끄러움이 된다.
남에게 베풀었으면 그 보답을 바라지 마라.
보답을 바라면 베푼 마음이 다 헛것이 된다.

舍己, 毋處其疑。處其疑, 卽所舍之志多愧矣。
施人, 毋責其報。責其報, 併所施之心俱非矣。

090

하늘이 나에게 복을 적게 내리면
나는 덕을 두터이 쌓아 받아들이고
하늘이 내 몸을 고달프게 하면
나는 마음을 편히 하여 따를 것이며
하늘이 나의 앞길을 가로막으면
나는 도를 깨닫고 헤쳐 나갈 것이니
하늘이 또다시 나를 어찌하겠는가.

天薄我以福,　吾厚吾德,　以迓之。
天勞我以形,　吾逸吾心,　以補之。
天阨我以遇,　吾亨吾道,　以通之。天且我奈何哉。

091

곧은 사람은 복을 바라는 마음이 없으나
하늘이 곧 그 무심한 속마음을 열어 주고
간사한 사람은 애써 화를 피하려 하지만
하늘이 그 속을 알아차리고 넋을 빼앗는다.
하늘의 뜻과 힘은 신비롭기 그지없으니
인간의 지혜와 재주가 무슨 소용이 있겠는가.

貞士無心徼福, 天卽就無心處牖其衷。
憸人著意避禍, 天卽就著意中奪其魄。
可見天之機權最神, 人之智巧何益。

노래하는 기생도 만년에 지아비를 섬기면
그동안의 음란한 삶이 허물이 되지 않고
정숙한 부인도 말년에 정조를 잃으면
반평생 지킨 절개가 모두 헛것이 된다.
사람의 삶은 오직 후반을 보라고 했으니
참으로 사리에 맞는 훌륭한 말이다.

聲妓, 晚景從良, 一世之胭花無碍。
貞婦, 白頭失守, 半生之淸苦俱非。
語云, 看人只看後半截, 眞名言也。

093

평범한 백성도 즐겨 덕을 쌓고 은혜를 베풀면
곧 지위가 없어도 재상과 같이 될 수가 있고
사대부도 권세를 탐하고 영예를 얻으려 하면
마침내 벼슬은 있어도 걸인과 같이 되고 만다.

平民肯種德施惠，便是無位的公相。
士夫徒貪權市寵，竟成有爵的乞人。

094

조상의 은덕이 무엇인지 묻는다면
내가 누리고 있는 것이 그것이니
마땅히 쌓기 어려움을 알아야 한다.
자손의 행복이 무엇인지 묻는다면
내가 물려줘야 할 것이 그것이니
반드시 사라지기 쉬움을 알아야 한다.

問祖宗之德澤，吾身所享者是，當念其積累之難。
問子孫之福祉，吾身所貽者是，要思其傾覆之易。

거짓된 선행을 베푸는 군자는
악행을 저지르는 소인과 같다.
절개를 지키지 못하는 군자는
스스로 깨닫는 소인만 못하다.

君子而詐善, 無異小人之肆惡。
君子而改節, 不及小人之自新。

096

한집안 사람이 잘못을 저지르면
너무 심하게 화를 내면 안 되고
가벼이 넘기려 해서도 아니 된다.
그 일에 대해서 말하기 어려우면
다른 일을 빌어서 넌지시 말하고
오늘 당장 잘못을 깨닫지 못하면
내일을 기다려 또다시 깨우쳐라.
봄바람이 언 땅을 풀 듯이 하고
따뜻한 기운이 얼음을 녹이듯 하면
비로소 이것이 집안의 규범이 된다.

家人有過, 不宜暴怒, 不宜輕棄。
此事難言, 借他事隱諷之。
今日不悟, 俟來日再警之。
如春風解凍, 如和氣消氷, 纔是家庭的型範。

🐢 097

내 마음이 언제나 둥글고 넉넉하면
세상은 저절로 결함이 없어 보이고
내 마음이 늘 너그럽고 평화로우면
세상은 저절로 모질지 않아 보인다.

此心常看得圓滿，天下自無缺陷之世界。
此心常放得寬平，天下自無險側之人情。

🐢 098

담백하면 반드시 화려한 사람이 의심하고
엄격하면 다분히 방자한 사람이 싫어한다.
군자는 그러해도 지조를 버리면 안 되고
날카로움을 지나치게 드러내도 아니 된다.

澹泊之士必爲濃艷者所疑。檢飭之人多爲放肆者所忌。
君子處此，固不可少變其操履，亦不可太露其鋒芒。

099

어렵게 살면 주변의 모든 것이 침과 약이 되어
절개를 다지고 행실을 닦아 줘도 알지 못한다.
편하게 살면 눈앞의 모든 것이 칼과 창이 되어
살을 잘라내고 뼈를 부러뜨려도 느끼지 못한다.

居逆境中，周身皆鍼砭藥石，砥節礪行而不覺。
處順境內，眼前盡兵刃戈矛，銷膏磨骨而不知。

100

부귀해지려는 생각이 가슴에 차면
탐욕이 세찬 불길과 같이 타오르고
권세를 사나운 불꽃처럼 드러내니
마음을 조금 맑고 차게 하지 않으면
그 불꽃이 남을 태우지 않을지라도
반드시 자신을 불태우고 말 것이다.

生長富貴叢中的，嗜欲如猛火，權勢似烈焰。
若不帶些淸冷氣味，其火焰不至焚人，必將自爍矣。

사람의 마음이 한결같이 참되면
갑자기 서리를 내리게 할 수 있고
성벽을 무너뜨릴 수도 있으며
쇠와 돌마저 뚫어버릴 수 있다.
사람이 거짓되고 제멋대로이면
몸만 있고 정신은 이미 죽은 것이니
남을 대하면 얼굴에 미움을 드러내고
홀로 있으면 제 그림자조차 나무란다.

人心一眞, 便霜可飛, 城可隕, 金石可貫。
若僞妄之人, 形骸徒具, 眞宰已亡,
對人則面目可憎, 獨居則形影自媿。

102

문장이 드높은 경지에 이르렀다는 것은
빼어난 것이 아니라 알맞은 것일 뿐이고
인품이 드높은 경지에 이르렀다는 것은
뛰어난 것이 아니라 본래 모습일 뿐이다.

文章做到極處，無有他奇，只是恰好。
人品做到極處，無有他異，只是本然。

103

헛되게 보면 공명과 부귀는 물론이고
내 몸 또한 빌린 것에 지나지 않는다.
실제로 보면 부모와 형제는 물론이고
이 세상의 모든 것은 나와 한 몸이다.
사람이 이를 깨닫고 참되게 살아가면
비로소 천하의 큰일을 맡을 수가 있고
세속의 굴레에 얽매이지 않을 수 있다.

以幻迹言, 無論功名富貴, 卽肢體亦屬委形。
以眞境言, 無論父母兄弟, 卽萬物皆吾一體。
人能看得破認得眞, 纔可任天下之負擔, 亦可脫世間之韁鎖。

104

입을 즐겁게 하는 모든 음식은
창자를 상하고 뼈를 녹이는 약이니
반만 먹으면 해롭지 않을 것이다.
마음을 기쁘게 하는 모든 일은
몸을 망치고 덕을 해치는 미끼이니
반만 즐기면 후회하지 않을 것이다.

爽口之味, 皆爛腸腐骨之藥。五分便無殃。
快心之事, 悉敗身喪德之媒。五分便無悔。

105

남의 작은 허물을 꾸짖지 말고
사사로운 비밀을 말하지 말며
지나간 잘못을 돌이키지 마라.
이 세 가지를 지키고 살아가면
덕을 쌓고 재앙 피할 수가 있다.

不責人小過。不發人陰私。不念人舊惡。
三者可以養德，亦可以遠害。

106

군자의 몸가짐은 가벼워서는 안 되니
가벼우면 만물이 어지럽게 만들어
한가하고 차분한 멋이 사라지고 만다.
펼치려는 뜻은 지나쳐서는 안 되니
지나치면 세속의 진흙탕에 빠져들어
깨끗하고 활달한 기상이 사라지고 만다.

士君子持身不可輕。輕則物能撓我，而無悠閑鎭定之趣。
用意不可重。重則我爲物泥，而無蕭灑活潑之機。

107

천지는 영원해도 몸은 다시 날 수 없고
인생은 백 년이지만 순식간에 지나간다.
다행히 이 세상에 사람으로 태어나서
살아 있는 즐거움을 몰라서는 안 되고
헛된 삶을 걱정하지 않아서도 아니 된다.

天地有萬古, 此身不再得。人生只百年, 此日最易過。
幸生其間者, 不可不知有生之樂, 亦不可不懷虛生之憂。

원한은 덕으로 인하여 생겨나니
남에게 나의 덕을 알게 하는 것은
덕과 원한 모두를 잊느니만 못하다.
원수는 은혜로 인하여 생겨나니
남에게 나의 은혜를 알게 하는 것은
은혜와 원수 모두를 잊느니만 못하다.

怨因德彰。故使人德我, 不若德怨之兩忘。
仇因恩立。故使人知恩, 不若恩仇之俱泯。

109

나이가 들어 생기는 질병은
모두 젊었을 때 부른 것이고
쇠퇴한 뒤에 닥치는 재앙은
모두 왕성할 때 지은 것이다.
그러므로 건강하고 번창할 때
군자는 더더욱 조심해야 한다.

老來疾病, 都是壯時招的。
衰後罪孽, 都是盛時作的。
故持盈履滿, 君子尤兢兢焉。

🌸 110

사사로운 은혜를 베푸는 것은
공정한 의견을 따르기만 못하고
새로운 친구를 사귀는 것은
옛 친구와 정을 다지기만 못하다.
명예로운 이름을 떨치는 것은
남몰래 은덕을 베풀기만 못하고
드높은 절개를 우러르는 것은
평상시 행동을 삼가기만 못하다.

市私恩, 不如扶公議。結新知, 不如敦舊好。
立榮名, 不如種隱德。尚奇節, 不如謹庸行。

111

공평하게 만들어진 정론은 손을 대면 안 되니
한번 고치면 대대로 부끄러움을 남길 것이다.
권세 있는 집안은 사적으로 드나들면 안 되니
한번 드나들면 평생 몸을 더럽히고 말 것이다.

公平正論, 不可犯手。一犯則貽羞萬世。
權門私竇, 不可著脚。一著則點汚終身。

112

뜻을 굽혀서 남을 기쁘게 하는 것보다
몸을 바르게 하여 미움을 사는 게 낫고
선한 일을 하지 않고 칭찬받는 것보다
악한 일을 하지 않고 비난받는 게 낫다.

曲意而使人喜, 不若直躬而使人忌。
無善而致人譽, 不若無惡而致人毁。

🌸 113

부모와 형제에게 나쁜 일이 생기면
마음을 다잡고 차분히 대해야 한다.
친구와 사귀면서 잘못을 보게 되면
지나치지 말고 바로잡아 줘야 한다.

處父兄骨肉之變, 宜從容不宜激烈。
遇朋友交遊之失, 宜凱切不宜優游。

🌸 114

작은 일이라도 물 샐 틈 없이 하고
남이 없어도 속이거나 숨기지 않고
막바지에 몰려도 그만두지 않으면
비로소 그 사람이 참다운 영웅이다.

小處不滲漏。暗中不欺隱。
末路不怠荒。纔是個眞正英雄。

🌸 115

천금으로도 한때 환심을 사기 어렵지만
한 끼의 식사로도 평생토록 감동을 준다.
너무 깊이 사랑하면 도리어 원수를 지고
몹시 야박하게 굴면 오히려 호감을 산다.

千金難結一時之歡, 一飯竟致終身感。
蓋愛重反爲仇, 薄極翻成喜也。

🌸 116

솜씨가 뛰어나도 어설픈 체하고
남모르게 지혜를 드러내야 한다.
깨끗해도 더러움을 받아들이고
몸을 굽혀 뜻을 펼쳐 가야 한다.
그리하면 한세상을 무난히 살고
몸을 안전하게 지켜 낼 수 있다.

藏巧於拙。用晦而明。寓清于濁。以屈爲伸。
眞涉世之一壺, 藏身之三窟也。

117

쇠하고 시들어 가는 모습은
성하고 넘치는 가운데 드러나고
생기고 자라나는 움직임은
나락으로 떨어졌을 때 나타난다.
그러므로 군자는 편안히 지내도
마음을 다잡고 우환을 대비하며
변고가 생겨나도 흔들림이 없이
참고 견디면서 성공을 도모한다.

衰颯的景象, 就在盛滿中。 發生的機緘, 卽在零落內。
故君子居安宜操一心以慮患, 處變當堅百忍以圖成。

진기한 것을 보고 놀라워하고
특이한 것을 좋아하는 사람은
원대한 식견을 가질 수 없다.
고통을 참으며 절개를 지키고
혼자 뜻대로 살아가는 사람은
영원토록 지조를 지킬 수 없다.

驚奇喜異者, 無遠大之識。
苦節獨行者, 非恒久之操。

119

분노가 타오르고 욕망이 치솟을 때
분명히 알면서도 또다시 드러내니
누가 이를 알고 누가 또 그러한가.
이러한 때 굳세게 마음을 다잡으면
악마도 곧 마음의 참된 주인이 된다.

當怒火慾水正騰沸處, 明明知得, 又明明犯著.
知的是誰. 犯的又是誰.
此處能猛然轉念, 邪魔便爲眞君矣.

120

한쪽만 믿다가 간사한 사람에게 속지 말고
혼자서 떠맡고 멋대로 객기를 부리지 마라.
내가 잘한다고 남의 잘못을 드러내지 말고
못한다고 남이 잘하는 것을 시기하지 마라.

毋偏信而爲奸所欺. 毋自任而爲氣所使.
毋以己之長而形人之短. 毋因己之拙而忌人之能.

🌸 121

남의 단점은 반드시 성심으로 덮고 감싸 줘야 하니
드러내 퍼트리면 단점으로 단점을 공격하는 것이다.
완고한 사람은 반드시 바르게 가르쳐 깨닫게 해야 하니
성내고 미워하면 완고함으로 완고함을 고치려는 것이다.

人之短處, 要曲爲彌縫。如暴而揚之, 是以短攻短。
人有頑的, 要善爲化誨。如忿而疾之, 是以頑濟頑。

🌸 122

말없이 묵묵히 지내는 사람을 만나면
마음속에 있는 것을 드러내면 안 된다.
성을 잘 내고 고집스러운 사람을 보면
반드시 입을 다물고 말을 아껴야 한다.

遇沈沈不語之士, 且莫輸心。
見悻悻自好之人, 應須防口。

123

마음이 어둡고 혼란스러울 때는
반드시 가다듬을 줄 알아야 하고
마음이 몹시 바쁘게 움직일 때는
반드시 가라앉힐 줄 알아야 한다.
그렇지 않으면 어둠에서 깨어나도
또다시 흔들려 어지러워질 것이다.

念頭昏散處, 要知提醒。念頭喫緊時, 要知放下。
不然, 恐去昏昏之病, 又來憧憧之擾矣。

124

날이 개고 하늘이 파란빛을 드러내도
갑자기 변하여 천둥과 번개가 치고
바람이 거세고 비가 세차게 쏟아져도
금세 지나가고 밝은 달이 하늘에 뜬다.
천기의 움직임이 어찌 한결같겠는가.
털끝만큼이라도 엉김이 있기 마련이다.
넓은 하늘이 어찌 늘 그대로이겠는가.
털끝만큼이라도 그르침이 있기 마련이다.
사람의 마음도 당연히 이와 같을 것이다.

霽日靑天, 倐變爲迅雷震電。疾風怒雨, 倐變爲朗月晴空。
氣機何常, 一毫凝滯。太虛何常, 一毫障塞。
人心之體, 亦當如是。

사사로운 것을 버리고 욕망을 누르는 일에 대해
어떤 이는 일찍 알지 못하면 힘쓰기 어렵다 하고
어떤 이는 밝게 알아도 참아내기 어렵다고 한다.
아는 것은 악마를 비추는 한 알의 밝은 구슬이고
힘쓰는 것은 악마를 베는 한 자루 예리한 칼이니
이 두 가지는 모두 가볍게 여겨서는 아니 된다.

勝私制欲之功,
有日識不早, 力不易者。有日識得破, 忍不過者。
蓋識是一顆照魔的明珠, 力是一把斬魔的慧劍。
兩不可少也。

126

남이 속이는 것을 알아도 말로 나타내지 말고
남에게 모욕을 당해도 얼굴에 드러내지 마라.
그리하면 깊은 뜻이 생기고 많은 것을 얻는다.

覺人之詐, 不形於言。受人之侮, 不動於色。
此中有無窮意味, 亦有無窮受用。

127

역경과 곤궁은 호걸을 단련시키는
용광로이자 망치와도 같은 것이니
그 단련을 이기면 심신에 이롭고
이기지 못하면 해로움이 생겨난다.

橫逆困窮, 是煅煉豪傑的一副鑪錘。
能受其煅煉, 則心身交益。不受其煅煉, 則心身交損。

128

이내 몸은 하나의 작은 천지이니
기쁨과 노여움이 지나치지 않게 하고
좋고 싫은 것을 이치에 맞게 하면
이것이 곧 자신을 다스리는 공부이다.
천지는 위대한 부모와도 같으니
사람들이 원망과 탄식이 없게 하고
만물에 재앙과 병이 들지 않게 하면
이 또한 자상하고 온화한 기상이다.

吾身, 一小天地也。
使喜怒不愆, 好惡有則, 便是燮理的功夫。
天地, 一大父母也。
使民無怨咨, 物無氛疹, 亦是敦睦的氣象。

129

남을 해치려는 마음을 가져서는 안 되고
남과 맞서려는 마음이 없어서도 안 된다.
이는 생각이 느슨해지는 것을 경계한 말이다.
차라리 남의 속임수에 넘어갈지라도
남이 속인다고 미리 생각하지 마라.
이는 살피다가 마음을 상할까 경계한 말이다.
이 두 마디 말을 함께 가슴에 새기면
마음이 깨끗하고 너그러워질 것이다.

害人之心, 不可有。防人之心, 不可無。此戒疎於慮也。
寧受人之欺, 毋逆人之詐。此警傷於察也。
二語竝存, 精明而渾厚矣。

🥠 130

사람들이 의심해도 자신의 견해를 굽히지 말고
자기 뜻만 내세우고 남의 말을 물리치지 마라.
작은 은혜를 사사롭게 여겨 큰일을 망치지 말고
공론을 이용해 사적인 뜻을 펼치려고 하지 마라.

毋因群疑而阻獨見。毋任己意而廢人言。
毋私小惠而傷大體。毋借公論而快私情。

🥠 131

선한 사람과 빨리 친할 수 없으면 미리 칭찬하지 마라.
간사한 사람이 나타나서 헐뜯고 고자질을 할까 두렵다.
악한 사람을 쉽게 내치지 못하면 말을 먼저 하지 마라.
하찮은 허물마저 남에게 옮기니 재앙을 부를까 두렵다.

善人未能急親, 不宜預揚, 恐來讒讚之奸。
惡人未能輕去, 不宜先發, 恐招媒蘖之禍。

132

푸른 하늘의 밝은 해와 같은 절개와 의리는
어두운 방의 구석진 곳에서부터 생겨 나오고
이 세상을 바로잡을 수 있는 뛰어난 경륜은
깊은 연못의 살얼음을 밟듯 할 때 쌓여 간다.

靑天白日的節義, 自暗室屋漏中培來。
旋乾轉坤的經綸, 自臨深履薄處操出。

133

부모는 사랑하고 자식은 효도하고
형은 아껴 주고 동생은 공손하여
마침내 더없이 좋은 사이가 되어도
이 모두는 마땅히 그와 같아야 하니
털끝만큼도 감격해서는 아니 된다.
만약 베푸는 사람이 덕으로 여기고
받는 사람이 은혜라고 생각한다면
이는 곧 길거리에서 만난 사람들이니
시장에서 물건을 사고파는 것과 같다.

父慈子孝, 兄友弟恭, 終做到極處, 俱是合當如此。
著不得一毫感激的念頭。
如施者任德, 受者懷恩, 便是路人, 便成市道。

134

아름다움이 있으면 반드시 추함이 있어

아름다움과 짝을 이루기 마련이니

내가 아름다운 것을 자랑하지 않으면

누가 나를 추하게 여길 수 있겠는가.

깨끗함이 있으면 반드시 더러움이 있어

깨끗함과 짝을 이루기 마련이니

내가 깨끗한 것을 좋아하지 않으면

누가 나를 더럽게 여길 수가 있겠는가.

有妍, 必有醜爲之對。我不誇妍, 誰能醜我。

有潔, 必有汚爲之仇。我不好潔, 誰能汚我。

135

힘이 있으면 가까이 다가가고 없으면 멀리하는 태도는
부귀한 사람들이 가난하고 천한 사람들보다 더 심하고
시샘하고 미워하는 마음은 피붙이가 남보다 더 사납다.
이때 마음을 바로잡고 바른 기운으로 다스리지 못하면
하루하루 괴로움을 겪으면서 살아가지 않을 수가 없다.

炎凉之態, 富貴更甚於貧賤。
妬忌之心, 骨肉尤狠於外人。
此處, 若不當以冷腸御以平氣, 鮮不日坐煩惱障中矣。

136

공로와 과실은 조금도 혼동해서는 안 되니
혼동하게 되면 사람들이 게으름에 빠져든다.
은인과 원수는 지나치게 가려서는 안 되니
가리게 되면 사람들이 마음속으로 의심한다.

功過, 不容少混。混則人懷惰墮之心。
恩仇, 不可大明。明則人起携貳之志。

벼슬을 할 때는 너무 뛰어나면 안 되니
너무 뛰어나면 위험에 빠질 수가 있다.
잘하는 일이라도 힘을 다하면 안 되니
힘을 다하고 나면 기력을 잃을 것이다.
옳은 일을 해도 너무 빼어나면 안 되니
너무 빼어나면 헐뜯는 사람이 생겨난다.

爵位, 不宜太盛。太盛則危。
能事, 不宜盡畢。盡畢則衰。
行誼, 不宜過高。過高則謗興而毀來。

138

악한 행동은 눈에 잘 드러나고
선한 행동은 잘 보이지 않는다.
드러나는 악행은 재앙이 적고
숨어 있는 악행은 재앙이 크며
드러나는 선행은 공로가 작고
숨어 있는 선행은 공로가 크다.

惡忌陰。 善忌陽。
故惡之顯者禍淺， 而隱者禍深。
善之顯者功小， 而隱者功大。

139

덕이 있는 사람은 재주 있는 사람을 부리고
재주 있는 사람은 덕이 있는 사람을 섬긴다.
재주가 비록 있다고 해도 덕을 쌓지 못하면
주인 없는 집의 일을 종이 맡는 것과 같으니
어찌 도깨비가 나타나 미쳐 날뛰지 않겠는가.

德者, 才之主。才者, 德之奴。
有才無德, 如家無主而奴用事矣, 幾何不魍魎而猖狂。

🦋 140

간사하고 아첨하는 사람을 물리치려면
물러갈 길을 한 곳쯤 열어 놓아야 한다.
그들이 돌아갈 길을 모두 없애 버리면
이는 쥐구멍을 틀어막는 것과도 같으니
길이 막히면 소중한 것을 다 물어뜯는다.

鋤奸杜倖, 要放他一條去路。
若使之一無所容, 譬如塞鼠穴者,
一切去路, 都塞盡, 則一切好物, 俱咬破矣。

141

허물은 남과 나누어야 하지만
공적은 같이 나눠서는 안 되니
나누면 서로를 미워하게 된다.
환란은 남과 같이할 수 있으나
안락은 함께 누려서는 안 되니
함께 누리면 서로 원수가 된다.

當與人同過, 不當與人同功。同功則相忌。
可與人共患難, 不可與人共安樂。安樂則相仇。

🌸 142

군자가 가난해 남을 돕지 못해도
어리석고 방황하는 사람을 보면
한마디 말로 이끌어 깨닫게 하고
위급하고 어려운 사람을 만나면
한마디 말로 깨우쳐 구해야 하니
이 또한 더없이 큰 공덕일 것이다.

士君子, 貧不能濟物者,
遇人痴迷處, 出一言提醒之, 遇人急難處, 出一言解救之,
亦是無量功德。

🌸 143

배고프면 달라붙고 배부르면 떠나고
잘살면 몰려들고 가난하면 멀리하니
이것은 사람들의 공통적인 질병이다.

饑則附, 飽則颺, 燠則趨, 寒則棄, 人情通患也。

144

군자는 차가운 눈빛을 맑게 해야 하고
굳센 마음을 가벼이 움직이면 안 된다.

君子宜淨拭冷眼，愼勿輕動剛腸。

145

덕은 도량을 베풀어야 쌓이고
도량은 식견을 통해 넓어진다.
그러므로 덕을 두터이 하려면
도량을 베풀지 않을 수 없고
도량을 널리 베풀고자 한다면
식견을 기르지 않을 수가 없다.

德隨量進，量由識長。
故欲厚其德，不可不弘其量。
欲弘其量，不可不大其識。

등불이 가물거리고 만물이 숨을 죽이면
우리는 비로소 편히 쉴 곳을 찾아가고
새벽잠에서 깨어나 만물이 잠들었을 때
우리는 비로소 혼탁한 곳으로 나아간다.
이때 마음속 빛으로 밝게 비추어 보면
비로소 이목구비가 질곡에 지나지 않고
정욕과 기호가 모두 굴레임을 깨닫는다.

一燈螢然, 萬籟無聲。此吾人初入宴寂時也。
曉夢初醒, 群動未起。此吾人初出混沌處也。
乘此而一念廻光, 炯然返照,
始知耳目口鼻皆桎梏, 而情欲嗜好悉機械矣。

147

자신을 돌아보면 하는 일마다 약이 되고
남을 헐뜯으면 마음속 모두가 창이 된다.
하나는 온갖 선한 것들의 앞길을 열고
하나는 온갖 악한 것들의 근원이 되니
그 사이는 하늘과 땅만큼 멀기만 하다.

反己者，觸事皆成藥石。尤人者，動念卽是戈矛。
一以闢衆善之路，一以濬諸惡之源，相去霄壤矣。

148

사업과 문장은 몸과 함께 사라지나
정신은 영원토록 새롭기만 하고
공명과 부귀는 세월을 따라 옮겨가나
기상과 절개는 천 년이 하루 같으니
군자는 사라지는 것을 얻기 위하여
영원한 것을 버리는 일이 없어야 한다.

事業文章, 隨身銷毀, 而精神萬古如新。
功名富貴, 逐世轉移, 而氣節千載一日。
君子信不當以彼易此也。

🌸 149

물고기를 잡는 그물을 놓으면
기러기가 때로 그곳에 걸리고
사마귀가 먹이에 정신을 팔 때
참새 또한 그 뒤에서 노려본다.
계략 속에는 계략이 숨어 있고
변고 밖에서 변고가 생겨나니
지혜와 재주를 어찌 믿겠는가.

魚網之設, 鴻則罹其中。螳螂之貪, 雀又乘其後。
機裡藏機, 變外生變。智巧, 何足恃哉。

사람이 한 점의 진실하고 간절한 마음이 없으면
이는 거지에 지나지 않아서 하는 일마다 헛되다.
세상을 살아갈 때 약간의 원활한 기상이 없으면
이는 장승과 같아서 곳곳에 거리끼는 것이 있다.

作人, 無點眞懇念頭, 便成個花子, 事事皆虛。
涉世, 無段圓活機趣, 便是個木人, 處處有碍。

물은 물결이 일지 않으면 절로 고요해지고
거울은 더럽히지 않으면 저절로 빛을 낸다.
그러므로 마음은 맑게 할 필요가 없으니
어두워지게 하지 않으면 저절로 맑아지고
즐거움은 굳이 찾으려 할 필요가 없으니
괴로움에 빠지지 않으면 절로 즐거워진다.

水不波則自定, 鑑不翳則自明。
故心無可淸, 去其混之者而淸自現。
樂不必尋, 去其苦之者而樂自存。

152

한 가지 생각으로 귀신의 뜻을 어기고
한마디 말로 천지의 조화를 그르치며
한 가지 일로 자손에게 재앙을 남기니
마땅히 간절한 마음으로 경계해야 한다.

有一念而犯鬼神之禁,
一言而傷天地之和,
一事而釀子孫之禍,　最宜切戒。

🌸 153

급히 서두르면 밝혀지지 않는 일도
찬찬히 하면 때로 저절로 밝혀지니
성급히 굴고 분노를 드러내지 마라.
시켜도 따르지 않는 사람이 있으나
가만히 두면 때로 스스로 따라오니
너무 다그치고 사납게 대하지 마라.

事有急之不白者, 寬之或自明, 毋躁急以速其忿。
人有操之不從者, 縱之或自化, 毋操切以益其頑。

🏵 154

절개와 의리가 모두를 뛰어넘고
문장이 누구보다 빼어날지라도
덕성으로 이를 갈고 닦지 않으면
마침내는 사사로운 혈기가 되고
한갓 헛된 재주에 지나지 않는다.

節義傲靑雲, 文章高白雲,
若不以德性陶鎔之, 終爲血氣之私技能之末。

🏵 155

벼슬을 그만두고 물러날 때는
마땅히 한창때 물러나야 하고
세상을 살아가며 처신할 때는
당연히 혼자서 뒤에 서야 한다.

謝事, 當謝於正盛之時。
居身, 宜居於獨後之地。

156

너무 작은 일에는 덕을 베풀지 말고
갚지 못할 사람에게 은혜를 베풀어라.

謹德, 須謹於至微之事。
施恩, 務施於不報之人。

🦋 157

장거리에 사는 사람과 사귀는 것보다
산속에 사는 늙은이와 벗하는 게 낫고
권세 있는 집안에 굽실거리는 것보다
초라한 초가집 사람과 친한 게 낫다.
길거리에 떠도는 소문을 듣는 것보다
나무꾼과 목동의 노래를 듣는 게 낫고
지금 사람의 부덕과 허물을 말하는 것보다
옛사람의 좋은 말과 행실을 말하는 게 낫다.

交市人，不如友山翁。
謁朱門，不如親白屋。
聽街談巷語，不如聞樵歌牧詠。
談今人失德過擧，不如述古人嘉言懿行。

158

덕은 하는 일의 기초가 되니
기초를 튼튼히 하지 않으면
굳건히 오래 서 있을 수 없다.

德者, 事業之基。
未有基不固而棟宇堅久者。

159

마음은 후손들의 뿌리가 되니
뿌리를 튼튼히 내리지 않고도
가지와 잎이 무성해질 수 없다.

心者, 後裔之根。未有根不植而枝葉榮茂者。

160

옛사람이 이르기를

"자기 집에 넘쳐 나는 재물을 내버려 두고

밥그릇을 들고 거지처럼 남의 집을 기웃거린다."고 했다.

또 이르기를

"벼락부자가 된 가난뱅이여, 꿈에서 깨어나라.

누구 집 부엌인들 불을 때면 연기가 없겠는가."라고 했다.

하나는 가진 사람의 어두움을 일깨운 말이고

하나는 가진 사람의 나타냄을 경계한 말이다.

학문을 닦는 사람은 마음 깊이 새겨야 하리라.

前人云, 抛却自家無盡藏, 沿門持鉢效貧兒。

又云, 暴富貧兒休說夢, 誰家竈裡火無烟。

一箴自昧所有, 一箴自誇所有。可爲學問切戒。

161

도는 모든 사람에게 소중한 것이니
따르는 사람마다 가슴에 새겨야 한다.
배움은 매일 먹는 밥과 같은 것이니
배우는 것마다 깨치고 되새겨야 한다.

道是一重公衆物事，當隨人而接引。
學是一個尋常家飯，當隨事而警惕。

162

남을 믿는 사람은
남이 성실하기 때문이 아니고
자기가 홀로 성실하기 때문이다.
남을 의심하는 사람은
남이 속이기 때문이 아니고
자기가 먼저 속이기 때문이다.

信人者，人未必盡誠，己則獨誠矣。
疑人者，人未必皆詐，己則先詐矣。

163

마음이 너그럽고 깊은 사람은
봄바람이 따뜻이 기르듯 하니
만물이 그를 만나면 자라난다.
남을 멀리하고 각박한 사람은
한겨울 눈이 차갑게 언 듯하니
만물이 그를 만나면 죽고 만다.

念頭寬厚的，如春風煦育，萬物遭之而生。
念頭忌刻的，如朔雪陰凝，萬物遭之而死。

164

이득은 착한 일을 해도 당장 생기지 않지만
풀숲의 동아가 그늘에서 몰래 자라듯 한다.
손해는 악한 일을 해도 당장 생기지 않지만
뜰 앞에 쌓인 봄눈이 몰래 녹아내리듯 한다.

爲善，不見其益，如草裡東瓜，自應暗長。
爲惡，不見其損，如庭前春雪，當必潛消。

🦋 165

옛 친구를 만나면 뜻과 기상을 더 새롭게 하고
은밀한 일이 생기면 속마음을 더 드러내야 하며
노쇠한 사람을 보면 온정과 예의를 다해야 한다.

遇故舊之交, 意氣要愈新。
處隱微之事, 心迹宜愈顯。
待衰朽之人, 恩禮當愈隆。

부지런함이란 덕과 의에 힘쓰는 것을 이르나
사람들은 부지런함으로 가난을 벗으려고 한다.
검소함이란 재물과 이익에 깨끗한 것을 이르나
사람들은 검소함으로 인색함을 감추려고 한다.
군자의 신조가 소인의 사사로운 도구가 되니
애석하기 그지없구나.

勤者, 敏於德義, 而世人借勤而濟其貧。
儉者, 淡於貨利, 而世人假儉以飾其吝。
君子持身之符, 反爲小人營私之具矣, 惜哉。

167

마음이 움직이는 대로 하는 사람은
일을 시작해도 오래지 않아 그치니
어찌 물러서지 않는 바퀴가 되겠는가.
자기만의 지식으로 깨달은 사람은
깨달음이 있어도 곧 혼란에 빠져드니
끝끝내 늘 밝은 등불이 될 수가 없다.

憑意興作爲者, 隨作則隨止, 豈是不退之輪。
從情識解悟者, 有悟則有迷, 終非常明之燈。

168

남의 잘못은 마땅히 용서해야 하고
나의 잘못은 용서해서는 아니 된다.
나의 어려움은 당연히 참아야 하고
남의 어려움은 참아서는 아니 된다.

人之過誤宜恕, 而在己則不可恕。
己之困辱當忍, 而在人則不可忍。

169

세속에서 벗어나는 것은 뛰어난 일이나
의식적으로 뛰어난 것을 높이는 사람은
뛰어난 사람이 아니라 이상한 사람이다.
더러움에 물들지 않는 것은 깨끗하지만
세속을 벗어나 깨끗함을 구하는 사람은
깨끗한 사람이 아니라 지나친 사람이다.

能脫俗, 便是奇。作意尙奇者, 不爲奇而爲異。
不合汚, 便是淸。絕俗求淸者, 不爲淸而爲激。

170

은혜는 마땅히 적게 베풀다가 많아져야 하니
많다가 적어지면 사람들이 그 은혜를 잊는다.
위엄은 엄격하게 드러내다 너그러워져야 하니
너그럽다가 엄격해지면 그 가혹함을 원망한다.

恩宜自淡而濃。先濃後淡者, 人忘其惠。
威宜自嚴而寬。先寬後嚴者, 人怨其酷。

171

마음을 비우면 본성이 드러나니
마음을 비우지 않고 본성을 보려는 것은
물결을 일으키고 달을 찾는 것과 같다.
뜻을 깨끗이 하면 마음이 맑아지니
뜻을 깨끗이 하지 않고 마음을 맑게 하려는 것은
거울을 어루만지며 때를 묻히는 것과 같다.

心虛則性現。不息心而求見性，如撥波覓月。
意淨則心淸。不了意而求明心，如索鏡增塵。

내가 귀할 때 남이 받드는 것은
높은 관과 큰 띠를 받드는 것이고
내가 천할 때 남이 업신여기는 것은
베옷과 짚신을 업신여기는 것이다.
참된 나를 받드는 것이 아닌데
내가 어찌 기뻐할 수 있을 것이며
참된 나를 업신여기는 것이 아닌데
내가 어찌 성을 낼 수 있겠는가.

我貴而人奉之，奉此峨冠大帶也。
我賤而人侮之，侮此布衣草履也。
然則原非奉我，我胡爲喜。原非侮我，我胡爲怒。

🦋 173

쥐를 위해 항상 먹을 것을 남겨두고
나방을 걱정해 등불을 밝히지 않는다.
옛사람들의 이러한 마음가짐은
세상을 살아가는 뛰어난 지혜이다.
사람이 이와 같은 마음이 없으면
흙과 나무로 된 형체에 지나지 않는다.

爲鼠常留飯, 憐蛾不點燈。
古人此等念頭, 是吾人一點生生之機。
無此, 便所謂土木形骸而已。

🏵 174

사람의 마음이 곧 하늘의 마음이다.
즐거운 생각은 빛나는 별과 상서로운 구름 같고
노여운 생각은 성난 우레와 세찬 비와 같다.
자비로운 생각은 온화한 바람과 단 이슬 같고
모진 생각은 따가운 햇볕과 가을날 서리와 같다.
그 무엇인들 가벼이 여길 수가 있겠는가.
단지 때맞춰 생기고 사라지며 막힘이 없어야 하니
그리하면 하늘과 더불어 하나가 될 것이다.

心體，便是天體。
一念之喜，景星慶雲。一念之怒，震雷暴雨。
一念之慈，和風甘露。一念之嚴，烈日秋霜。
何者少得。只要隨起隨滅，廓然無碍，便與太虛同體。

175

일이 없을 때는 마음이 나태해지기 쉬우니
고요히 자신을 들여다보며 깨어 있어야 한다.
일이 있을 때는 마음이 성급해지기 쉬우니
자신을 깨우고 다스리며 고요히 지내야 한다.

無事時, 心易昏冥, 宜寂寂而照以惺惺。
有事時, 心易奔逸, 宜惺惺而主以寂寂。

176

일을 계획하는 사람은 일 밖에 머물면서
이익과 손해에 대한 실정을 살펴야 한다.
일을 맡은 사람은 일 가운데에 머물면서
이익과 손해에 대한 생각을 버려야 한다.

議事者, 身在事外, 宜悉利害之情。
任事者, 身居事中, 當忘利害之慮。

군자가 벼슬을 얻어 요직에 올랐을 때
지조는 뚜렷하고 행실은 엄격해야 하며
마음가짐은 온화하고도 편안해야 한다.
더러운 무리와는 어울리지 말아야 하고
과격해 사악한 마음을 건드려도 안 된다.

士君子處權門要路, 操履要嚴明, 心氣要和易。
毋少隨而近腥羶之黨, 亦毋過激而犯蜂蠆之毒。

178

절개와 의리를 내세우는 사람은
반드시 절개와 의리 때문에 비난받고
도덕과 학문을 내세우는 사람은
언제나 도덕과 학문이 허물이 된다.
그러므로 군자는 나쁜 일을 멀리하고
좋은 이름을 날리려고 하지 않으며
단지 온화한 마음으로 원만히 살아가니
그것이 곧 자신을 지키는 보배이다.

標節義者，必以節義受謗。
榜道學者，常因道學招尤。
故君子不近惡事，亦不立善名。
只渾然和氣，纔是居身之珍。

속이는 사람을 만나면 성심껏 감동을 주고
사나운 사람을 만나면 온화하게 달래 주고
사악하고 그릇된 것을 즐기는 사람을 만나면
명분과 의리와 기개와 절조로 격려해야 한다.
그리하면 사람들이 모두 내 뜻을 따를 것이다.

遇欺詐的人，以誠心感動之，
遇暴戾的人，以和氣薰蒸之，
遇傾邪私曲的人，以名義氣節激勵之，
天下無不入我陶冶中矣。

🌼 180

자비롭고 자상한 생각 한 가지가
천지간에 온화한 기운을 빚어내고
깨끗하고 밝은 마음속 작은 뜻이
맑은 향기를 백 대에 밝게 전한다.

一念慈祥,　可以醞釀兩間和氣。
寸心潔白,　可以昭垂百代淸芬。

🌼 181

은밀한 계략과 괴이한 습성과
이상한 행동과 기이한 재능은 모두
세상을 살아갈 때 재앙의 씨앗이 되고
오로지 참다운 덕성과 행실만이
어지러운 것을 바로잡고 평화를 부른다.

陰謀怪習異行奇能,　俱是涉世的禍胎。
只一個庸德庸行,　便可以完混沌而召平和。

182

옛말에 산을 오를 때는 비탈길을 견뎌 내고
눈길을 걸을 땐 위험한 다리를 견디라고 했으니
견딜 '耐' 자 하나에는 깊은 의미가 담겨 있다.
만약 인정이 험악하고 세상살이가 가혹할 때
'耐' 자 하나를 가슴에 품고 견뎌 내지 못하면
어찌 가시덤불과 구덩이에 빠지지 않을 수 있겠는가.

語云, 登山耐側路, 踏雪耐危橋, 一耐字極有意味。
如傾險之人情坎坷之世道,
若不得一耐字撐持過去, 幾何不墮入榛莽坑塹哉。

공로를 내세우고 문장을 자랑하는 것은
모두 외물로서 자신을 드러내는 것이다.
마음이 밝고 근본을 잃어버리지 않으면
비록 아무런 공로와 배움이 없을지라도
스스로 떳떳하고 바르게 살아갈 수 있다.

誇逞功業, 炫耀文章, 皆是靠外物做人。
不知心體瑩然, 本來不失,
卽無寸功隻字, 亦自有堂堂正正做人處。

184

바쁜 가운데 한가롭기를 바라면
먼저 한가할 때를 대비해야 하고
시끄러운 가운데 고요를 찾으려면
먼저 고요한 마음을 가져야 한다.
그렇지 않으면 때에 따라 움직이고
일에 따라 흔들리지 않을 수 없다.

忙裡, 要偸閒, 須先向閒時討個杷柄。
鬧中, 要取靜, 須先從靜處立個主宰。
不然, 未有不因境而遷, 隨事而靡者。

마음을 어둡게 하지 말고
남이 베푼 정을 저버리지 말며
재력을 모두 다 써버리지 마라.
이 세 가지를 지키면
세상을 위해 뜻을 세울 수 있고
백성을 위해 목숨을 바칠 수 있으며
자손을 위해 복을 남길 수가 있다.

不昧己心。不盡人情。不竭物力。
三者可以爲天地立心，爲生民立命，爲子孫造福。

186

벼슬할 때 두 가지 말이 있으니
오직 공정하면 지혜가 생겨나고
청렴하면 위엄을 드러낼 수 있다.
집안에도 두 가지 말이 있으니
오직 용서하면 마음이 편안해지고
검소하면 넉넉하게 쓸 수가 있다.

居官, 有二語, 曰惟公則生明, 惟廉則生威。
居家, 有二語, 曰惟恕則情平, 惟儉則用足。

187

부유하고 고귀하게 지낼 때는
가난하고 천한 아픔을 알아야 하고
젊고 건강하게 살아갈 때는
늙고 쇠약한 괴로움을 생각해야 한다.

處富貴之地，要知貧賤的痛癢。
當少壯之時，須念衰老的辛酸。

188

몸가짐은 지나치게 깨끗하게 해서는 안 되고
욕되고 더러운 것마저 모두 받아들여야 한다.
사람을 사귈 때는 너무 분명해서는 아니 되고
선하든 악하든 어질든 어리석든 껴안아야 한다.

持身，不可太皎潔。一切汚辱垢穢，要茹納得。
與人，不可太分明。一切善惡賢愚，要包容得。

189

소인과는 원수를 맺어서는 아니 되니
소인에게는 그 나름의 상대자가 있다.
군자에게는 아첨을 해서는 아니 되니
군자는 사사로운 은혜를 베풀지 않는다.

休與小人仇讐，小人自有對頭。
休向君子諂媚，君子原無私惠。

190

욕망을 따르는 병은 고칠 수 있으나
이론에 얽매이는 병은 고치기 어렵다.
사물이 가로막으면 없앨 수가 있으나
바른 도리가 가로막으면 없애기 어렵다.

縱欲之病可醫，而執理之病難醫。
事物之障可除，而義理之障難除。

191

수행은 백 번 단련한 쇠와 같아야 하니
성급히 하면 높은 경지에 오를 수 없다.
베풂은 천 번 겨눈 활과도 같아야 하니
가볍게 베풀면 큰 공을 이룰 수가 없다.

磨礪, 當如百煉之金。急就者, 非邃養。
施爲, 宜似千鈞之弩。輕發者, 無宏功。

192

소인이 미워하고 헐뜯는 사람이 될지언정
아첨하고 좋아하는 사람이 되면 안 된다.
군자가 꾸짖고 깨우치는 사람이 될지언정
감싸 주고 용서하는 사람이 되면 안 된다.

寧爲小人所忌毀, 毋爲小人所媚悅。
寧爲君子所責修, 毋爲君子所包容。

193

이익을 좇는 사람은 도의를 저버리나
해로움이 밖으로 드러나도 크지 않다.
명예를 좇는 사람은 도의를 따르지만
해로움이 드러나지 않아도 매우 크다.

好利者, 逸出於道義之外, 其害顯而淺。
好名者, 竄入於道義之中, 其害隱而深。

194

은혜는 많이 받아도 갚지 않지만
원한은 적게 쌓여도 되돌려 준다.
악행은 감추어도 의심하지 않으나
선행은 분명히 드러나도 의심한다.
세상은 이처럼 모질기 그지없으니
간절한 마음으로 경계해야만 한다.

受人之恩, 雖深不報, 怨則淺亦報之。
聞人之惡, 雖隱不疑, 善則顯亦疑之。
此刻之極, 薄之尤也。宜切戒之。

🦋 195

헐뜯는 것을 좋아하는 사람은
조각구름에 가려진 해와 같이
오래지 않아 저절로 드러난다.
아첨하기를 좋아하는 사람은
틈새 바람이 살갗에 스미듯이
그 해로움을 알아채지 못한다.

讒夫毁士, 如寸雲蔽日, 不久自明。
媚子阿人, 似隙風侵肌, 不覺其損。

산이 높고 험한 곳에는 나무가 없지만
계곡이 휘도는 곳에는 초목이 무성하다.
물살이 빠르고 세차면 물고기가 없으나
못이 깊으면 물고기와 자라가 모여든다.
군자는 이러한 사실을 가슴 깊이 새기고
지나친 행동과 조급한 마음을 버려야 한다.

山之高峻處無木, 而谿谷廻環, 則草木叢生。
水之湍急處無魚, 而淵潭停蓄, 則魚鼈聚集。
此高絶之行褊急之衷, 君子重有戒焉。

197

공을 세우고 사업을 일으킨 사람은
대개 욕심이 없고 성격이 원만하다.
일을 그르치고 기회를 놓친 사람은
반드시 집착이 강하고 고집이 세다.

建功立業者, 多虛圓之士。
僨事失機者, 必執拗之人。

198

세상을 살아갈 때는 세속에 빠져서도
세속에서 멀리 벗어나서도 아니 된다.
일을 해 나아갈 때는 남이 싫어해서도
남을 기쁘게 하려고 해서도 아니 된다.

處世, 不宜與俗同, 亦不宜與俗異。
作事, 不宜令人厭, 亦不宜令人喜。

🌑 199

날이 이미 저물어도 노을은 오히려 곱게 타오르고
한 해가 기울어도 귤은 더 짙은 향기를 내뿜는다.
그러므로 군자는 말년에 마음을 더욱 다져야 한다.

日旣暮而猶烟霞絢爛，　歲將晩而更橙橘芳馨。
故末路晩年，　君子更宜精神百倍。

🌑 200

매가 앉아 있는 모습은 조는 듯이 보이고
호랑이가 걸어가는 모습은 병든 듯하지만
이는 바로 사람을 움키고 물려는 수단이다.
그러므로 군자는 총명해도 나타내지 않고
재주가 뛰어나도 드러내지 말아야 하니
그리하면 비로소 큰일을 맡을 수가 있다.

鷹立如睡，　虎行似病，　正是他攫人噬人手段處。
故君子要聰明不露才華不逞，　纔有肩鴻任鉅的力量。

201

검소한 것은 아름다운 덕이지만
지나치면 인색하고 천박해지니
오히려 올바른 도리를 그르친다.
겸손한 것은 훌륭한 행실이지만
지나치면 굽실거리고 비굴해지니
단지 거짓된 속마음을 드러낸다.

儉美德也。 過則爲慳吝，爲鄙嗇，反傷雅道。
讓懿行也。 過則爲足恭，爲曲謹，多出機心。

202

뜻대로 안 된다고 걱정하지 말고
마음이 즐겁다고 기뻐하지 마라.
오래도록 편할 것이라 믿지 말고
처음부터 어렵다고 꺼리지 마라.

毋憂拂意。 毋喜快心。
毋恃久安。 毋憚初難。

🌸 203

술잔치를 많이 베풀면 좋은 집안이 아니고
화려한 명성을 바라면 오른 선비가 아니며
높은 벼슬을 좋아하면 바른 신하가 아니다.

飮宴之樂多, 不是個好人家。
聲華之習勝, 不是個好士子。
名位之念重, 不是個好臣士。

🌸 204

사람들은 마음에 와닿는 것을 즐기지만
도리어 즐거운 마음이 괴로움을 부른다.
깨달은 선비는 거슬리는 것을 즐기지만
마침내 괴로운 마음이 즐거움을 부른다.

世人以心肯處爲樂, 却被樂心引在苦處。
達士以心拂處爲樂, 終爲苦心換得樂來。

205

여유 있고 풍족하게 사는 사람은
넘칠 듯 말 듯 한 물과 같으니
조금만 더 늘어도 몹시 싫어한다.
위태롭고 다급하게 사는 사람은
부러질 듯 말 듯 한 나무 같으니
조금만 더 눌러도 몹시 싫어한다.

居盈滿者, 如水之將溢未溢, 切忌再加一滴。
處危急者, 如木之將折未折, 切忌再加一搦。

206

냉철한 눈으로 사람을 바라보고
냉철한 귀로 남의 말을 들어라.
냉철한 이성으로 감정을 살피고
냉철한 마음으로 이치를 생각하라.

冷眼觀人。冷耳聽語。
冷情當感。冷心思理。

🐛 207

어진 사람은 마음이 너그럽고 느긋해
복이 많고 기쁜 일이 오래 이어지며
매사에 넓고 느긋한 기상을 드러낸다.
인색한 사람은 생각이 좁고 성급하여
복이 적고 은택이 오래가지 못하며
매사에 좁고 성급한 모습을 드러낸다.

仁人心地寬舒。便福厚而慶長, 事事成個寬舒氣象。
鄙夫念頭迫促。便祿薄而澤短, 事事得個迫促規模。

🐛 208

나쁜 말을 들어도 미워하지 마라.
헐뜯는 사람들의 분풀이가 두렵다.
좋은 말을 들어도 다가가지 마라.
간사한 사람들이 앞세울까 두렵다.

聞惡, 不可就惡。恐爲讒夫洩怒。
聞善, 不可急親。恐引奸人進身。

209

마음이 메마르고 거친 사람은
한 가지 일도 이루지 못하고
마음이 온화하고 바른 사람은
백 가지 복이 저절로 들어온다.

性燥心粗者, 一事無成。
心和氣平者, 百福自集。

210

사람을 부릴 때는 각박하게 굴지 마라.
각박하게 굴면 애쓰던 사람이 떠나간다.
친구를 사귈 때는 함부로 사귀지 마라.
함부로 사귀면 아첨하는 자가 다가온다.

用人, 不宜刻。刻則思效者去。
交友, 不宜濫。濫則貢諛者來。

211

비바람이 몰아치는 곳에서는
발길을 힘차게 내디뎌야 하고
꽃과 버들이 한창인 곳에서는
눈길을 먼 곳에 두어야 하며
길이 위태롭고 험한 곳에서는
머리를 재빨리 돌려야만 한다

風斜雨急處, 要立得脚定。
花濃柳艷處, 要着得眼高。
路危徑險處, 要回得頭早。

🌸 212

절개와 의리를 지키는 사람은
온화한 마음을 가질 줄 알아야
다툼의 길로 들어서지 않는다.
공을 이루고 명성을 얻은 이는
겸손한 마음으로 덕을 베풀어야
질투의 문으로 들어가지 않는다.

節義之人, 濟以和衷, 纔不啓忿爭之路。
功名之士, 承以謙德, 方不開嫉妬之門。

🦋 213

사대부가 벼슬자리에 있을 때는
편지 한 통도 절도가 있어야 하고
사람들이 만나 보기 어렵게 하여
아첨하지 못하도록 하여야 한다.
고향으로 돌아가서 살아갈 때는
너무 고고하게 지내서는 안 되고
사람들이 만나 보기 쉽게 하여
지난 정을 두텁게 다져가야 한다.

士大夫居官，不可竿牘無節。要使人難見，以杜倖端。
居鄉，不可崖岸太高。要使人易見，以敦舊好。

🦋 214

대인을 두려워하지 않을 수가 없으니
두려워하면 방탕한 마음이 사라진다.
소인도 두려워하지 않을 수가 없으니
두려워하면 나쁜 이름을 남기지 않는다.

大人不可不畏。畏大人則無放逸之心。
小民亦不可不畏。畏小民則無豪橫之名。

🦋 215

하는 일이 점점 뜻을 거스를 때
자기보다 못한 사람을 생각하면
괴로운 생각이 저절로 사라진다.
마음이 점점 게으름에 빠질 때
나보다 뛰어난 사람을 생각하면
분발하는 마음이 절로 생겨난다.

事稍拂逆, 便思不如我的人, 則怨尤自消。
心稍怠荒, 便思勝似我的人, 則精神自奮。

216

기쁨에 젖어 가볍게 승낙하지 말고
술의 기운을 빌어서 성을 내지 마라.
들뜬 마음에 많은 일을 벌이지 말고
힘이 든다고 일을 쉽게 끝내지 마라.

不可乘喜而輕諾。不可因醉而生嗔。
不可乘快而多事。不可因倦而鮮終。

217

책을 바르게 읽으려는 사람은
손이 춤추고 발이 구르듯 해야
글자의 틀에 얽매이지 않는다.
사물을 바로 살피려는 사람은
마음이 사물과 하나가 되어야
드러난 형상에 얽매이지 않는다.

善讀書者, 要讀到手舞足蹈處, 方不落筌蹄。
善觀物者, 要觀到心融神洽時, 方不泥迹象。

❀ 218

하늘은 한 사람을 어질게 하여
어리석은 사람들을 깨우치지만
사람들은 도리어 장점을 내세워
다른 사람의 단점을 들추어낸다.
하늘은 한 사람을 부자로 만들어
가난한 사람들을 돌보게 하지만
사람들은 도리어 가진 것을 믿고
가난하게 사는 이를 업신여긴다.
참으로 천벌을 받을 사람들이다.

天賢一人, 以誨衆人之愚, 而世反逞所長, 以形人之短。
天富一人, 以濟衆人之困, 而世反挾所有, 以凌人之貧。
眞天之戮民哉。

뛰어난 사람이야 무엇을 걱정하겠는가.
어리석은 사람은 지식도 지혜도 없으니
함께 학문을 논하고 공을 세울 수 있다.
어중간한 사람은 생각과 지식이 많고
한편으로 나름의 억측과 의심도 많으니
어떠한 일을 할지라도 함께하기 어렵다.

至人, 何思何慮。
愚人, 不識不知, 可與論學。亦可與建功。
唯中才的人, 多一番思慮知識,
便多一番億度猜疑, 事事難與下手。

220

입은 곧 마음의 문과 같으니
굳게 닫고 조심하지 않으면
참된 기밀이 모두 새 나간다.
뜻은 곧 마음의 발과 같으니
다지고 굳세게 하지 않으면
온갖 나쁜 길로 내달려 간다.

口乃心之門。守口不密，洩盡眞機。
意乃心之足。防意不嚴，走盡邪蹊。

남의 허물을 꾸짖는 사람은
허물이 보여도 덮을 줄 알아야
마음의 평화를 얻을 수 있다.
자신의 허물을 꾸짖는 사람은
허물이 없어도 찾을 줄 알아야
비로소 덕을 높이 쌓을 수 있다.

責人者, 原無過於有過之中, 則情平。
責己者, 求有過於無過之內, 則德進。

어린아이는 자라나 어른이 되고
뛰어난 젊은이는 사대부가 되니
때를 맞춰 바르게 키우지 않으면
뒷날 세상에 나가 벼슬을 할 때
끝내 훌륭한 인물이 되기 어렵다.

子弟者，大人之胚胎。秀才者，士夫之胚胎。
此時，若火力不到陶鑄不純,
他日，涉世立朝，終難成個令器。

223

군자는 어려움이 있어도 걱정하지 않지만
잔치와 놀이를 즐길 때는 마음을 졸이고
권력자와 호걸을 만나도 두려워하지 않으나
혼자 살아가는 사람을 만나면 안타까워한다.

君子處患難而不憂。當宴遊而惕慮。
遇權豪而不懼。對惸獨而警心。

복사꽃과 자두꽃이 비록 곱기는 하지만
푸른 소나무와 잣나무가 굳고 곧은 것만 하겠는가.
배와 살구의 맛이 비록 달기는 하지만
노란 유자와 푸른 귤의 맑은 향기만 하겠는가.
곱고 일찍 시드는 것은 맑고 오래가는 것만 못하고
일찍 빼어난 것은 늦게 이룬 것보다 참으로 못하다.

桃李雖艶, 何如松蒼栢翠之堅貞。
梨杏雖甘, 何如橙黃橘綠之馨冽。
信乎, 濃夭不及淡久。早秀不如晚成也。

225

바람이 자고 물결이 고요해지면
인생의 참된 경지를 볼 수 있고
맛이 담백하고 노래가 멈춰지면
마음의 참된 모습을 알 수 있다.

風恬浪靜中，見人生之眞境。
味淡聲希處，識心體之本然。

제2부
後集

마음의 산책

🦋 001

산림이 주는 즐거움을 말하는 사람은
산림의 참맛을 바로 알지 못해서이고
명리에 관해 말하기를 꺼리는 사람은
명리에 대한 뜻을 버리지 못해서이다.

談山林之樂者，未必眞得山林之趣。
厭名利之談者，未必盡忘名利之情。

낚시질을 하는 것은 즐거운 일이지만
삶과 죽음의 칼자루를 움켜쥔 것이고
바둑을 두는 것은 한가한 놀이이지만
싸우려고 하는 마음이 먼저 생겨난다.
일은 좋아하기보다 알맞게 해야 하고
재능은 많기보다 없어도 참돼야 한다.

釣水逸事也。尙持生殺之柄。
奕棋淸戲也。且動戰爭之心。
可見喜事, 不如省事之爲適。
多能, 不若無能之全眞。

003

꾀꼬리가 지저귀고 꽃이 만발하면
산과 계곡은 아름다움을 더하지만
그 모두가 천지의 그릇된 모습이다.
물이 마르고 나뭇잎이 떨어지면
바위와 언덕은 거칠게 드러나지만
그것이 곧 천지의 참다운 모습이다.

鶯花茂而山濃谷艷,　總是乾坤之幻境。
水木落而石瘦崖枯,　纔是天地之眞吾。

세월은 본래부터 길기 그지없지만
급한 사람은 혼자 바쁘게 움직이고
천지는 처음부터 넓기 그지없지만
인색한 사람은 혼자서 좁게 여기며
바람과 꽃과 눈과 달은 한가롭지만
악착같은 사람은 홀로 바삐 서둔다.

歲月本長, 而忙者自促。
天地本寬, 而鄙者自隘。
風花雪月本閒, 而勞攘者自冗。

005

빼어난 풍취는 여러 곳에서 즐길 것이 아니니
좁은 못과 작은 돌에도 안개와 노을은 깃든다.
아름다운 경치는 먼 곳에만 있는 것이 아니니
쑥대 창문과 대나무집에도 바람과 달은 머문다.

得趣不在多。盆池拳石間，烟霞具足。
會景不在遠。蓬窓竹屋下，風月自賖。

006

고요한 밤에 종소리를 들으면
헛된 꿈에서 깨어날 수 있고
맑은 연못의 달그림자를 보면
자신의 참모습을 엿볼 수 있다.

聽靜夜之鐘聲，喚醒夢中之夢。
觀澄潭之月影，窺見身外之身。

007

새가 지저귀고 풀벌레가 우는 것은
모두 자기의 마음을 전하는 것이고
꽃잎과 풀잎이 곱고 아름다운 것은
모두 본래의 빛깔을 드러내는 것이다.
배우는 사람은 마음이 맑고 밝아야
사물을 대하면 깨닫는 것이 있으리라.

鳥語蟲聲，總是傳心之訣。
花英草色，無非見道之文。
學者要天機淸澈胸次玲瓏，觸物皆有會心處。

사람들은 글자가 있는 책은 읽어도
글자가 없는 책은 읽을 줄 모르고
줄이 있는 거문고는 탈 수 있어도
줄이 없는 거문고는 탈 줄 모른다.
있으면 쓰고 없으면 쓸 수 없으니
어찌 거문고와 책의 참맛을 알겠는가.

人解讀有字書，不解讀無字書。
知彈有絃琴，不知彈無絃琴。
以跡用，不以神用，何以得琴書之趣。

마음이 재물을 얻으려 하지 않으면
가을 하늘과 잔잔한 바다처럼 되고
앉은 자리에 거문고와 책이 있으면
신선이 사는 곳에 머무는 것과 같다.

心無物欲, 卽是秋空霽海。
坐有琴書, 便成石室丹丘。

손님과 벗을 구름처럼 불러들여
실컷 마시고 잔뜩 취해 놀다가
시간이 다하여 촛불이 꺼져 가고
향도 다 타고 차도 식어 버리면
도리어 서러움이 북받쳐 오르고
사람을 더없이 쓸쓸하게 만든다.
천하의 일이란 이와 같을 터인데
어찌 일찍 고개를 돌리지 않는가.

賓朋雲集，劇飮淋漓樂矣，
俄而漏盡燭殘，香銷茗冷，
不覺反成嗚咽，令人索然無味。
天下事率類此，人奈何不早回頭也。

한 가지 사물의 참된 멋을 알면
모든 절경이 마음속에 들어오고
눈앞의 일들을 꿰뚫을 수 있으면
위대한 영웅도 멋대로 할 수 있다.

會得個中趣, 五湖之烟月, 盡入寸裡。
破得眼前機, 千古之英雄, 盡歸掌握。

012

산하와 대지도 작은 티끌일 뿐인데
티끌 속의 티끌을 말해 무엇 하랴.
이 몸도 거품과 그림자일 뿐인데
그림자의 그림자를 말해 무엇 하랴.
사람이 지혜를 드높이지 않으면
마음을 깨끗하게 닦을 수 없으리라.

山河大地, 已屬微塵, 而況塵中之塵。
血肉身軀, 且歸泡影, 而況影外之影。
非上上智, 無了了心。

013

부싯돌 빛 속에서 장단을 타툰들
그 세월의 길이가 얼마나 되겠으며
달팽이 뿔 위에서 자웅을 겨룬들
그 세계의 넓이가 얼마나 되겠는가.

石火光中, 爭長競短, 幾何光陰。
蝸牛角上, 較雌論雄, 許大世界。

014

꺼져가는 등불은 불꽃이 없고
해진 갖옷은 따뜻하지 않으니
이는 모두가 초라한 광경이다.
몸은 말라 버린 나무와 같고
마음은 식어버린 재와 같다면
어리석고 쓸쓸하게 살아가리라.

寒燈無焰, 敝裘無溫, 總是播弄光景。
身如槁木, 心似死灰, 不免墮在頑空。

015

사람이 쉬고 싶은 마음이 생기면
곧바로 하던 일을 멈추어야 한다.
모든 일이 다 끝나기를 기다리면
비록 아들딸 모두를 출가시켜도
할 일은 언제나 줄어들지 않는다.
승려가 비록 많은 것을 깨달아도
이러한 일마저 아는 것은 아니다.
옛사람이, 지금 쉬면 쉴 수 있으나
끝나기를 바라면 끝이 없다 했으니
세상을 보는 눈은 참으로 뛰어나다.

人肯當下休，便當下了。
若要尋個歇處，則婚嫁雖完，事亦不少。
僧道雖好，心亦不了。
前人云，如今休去，便休去，若覓了時，無了時，
見之卓矣。

016

냉정한 마음으로 바쁠 때를 돌아보면
그때의 분주함이 헛되다는 것을 알고
바쁜 일에서 벗어나 한가해진 뒤에야
한가한 재미가 가장 좋다는 것을 안다.

從冷視熱然後, 知熱處之奔走無益。
從冗入閑然後, 覺閑中之滋味最長。

017

부귀를 뜬구름처럼 여기는 기품이 있어도
반드시 움막에서 힘들게 살 필요는 없고
자연에 묻히고자 하는 마음이 없을지라도
항상 스스로 술에 취해 시를 즐겨야 한다.

有浮雲富貴之風, 而不必嚴棲穴處。
無膏肓泉石之癖, 而常自醉酒耽詩。

다투는 일은 남들에게 맡겨 두고
무슨 짓을 하더라도 미워하지 마라.
고요함과 담백함을 스스로 즐기고
홀로 깨어 있더라도 자랑하지 마라.
그렇게 살아가면 부처가 말한 대로
법에도 공에도 얽매이지 아니하고
몸과 마음 모두가 자유롭게 되리라.

競逐，聽人而不嫌盡醉。恬淡，適己而不誇獨醒。
此釋氏所謂，不爲法纏，不爲空纏，身心兩自在者。

019

길고 짧은 것은 생각하기에 달렸고
넓고 좁은 것은 마음에서 비롯된다.
그러므로 한가롭게 살아가는 사람은
하루를 노닐어도 천년보다 더 길고
가슴속에 품은 뜻이 드넓은 사람은
좁은 방도 천지와 같이 넓어 보인다.

延促由於一念，寬窄係之寸心。
故機閑者，一日遙於千古，意廣者，斗室寬若兩間。

마음을 비우고 또 비운 뒤에
꽃을 가꾸고 대나무를 심으면
내 몸마저 잊을 수 있으리라.
세상일을 모두 다 잊어버리고
향불을 피우고 차를 달이면
술을 찾지 않고도 살아가리라.

損之又損，栽花種竹，儘交還烏有先生。
忘無可忘，焚香煮茗，總不問白衣童子。

🌸 021

눈앞에 어떤 일이 닥치더라도
만족하면 신선의 경지에 들고
만족하지 못하면 평범하게 산다.
세상에서 생겨나는 모든 인연을
잘 다루는 사람은 때를 살리고
잘못 다루는 사람은 때를 놓친다.

都來眼前事,　知足者仙境,　不知足者凡境。
總出世上因,　善用者生機,　不善用者殺機。

🌸 022

명예를 좇아가고 권세를 따라가면
그 화는 참혹하고 빠르게 찾아온다.
고요한 마음으로 편안히 살아가면
그 맛은 더없이 담백하고 오래간다.

趨炎附勢之禍,　甚慘亦甚速。
棲恬守逸之味,　最淡亦最長。

소나무가 우거진 골짜기를 따라서
지팡이를 짚고 홀로 걷다 멈춰서니
구름이 해진 장삼 속으로 밀려드네.
대나무로 만들어진 창문 아래에서
책을 베고 누었다가 잠에서 깨어나니
달빛이 차가운 담요 속으로 스며드네.

松澗邊，携杖獨行，立處，雲生破衲。
竹窓下，枕書高臥，覺時，月侵寒氈。

024

욕정이 불길처럼 세차게 타올라도
생각이 한순간에 병든 때에 미치면
흥분은 식어 버린 재처럼 잦아든다.
명예와 이익이 엿 맛처럼 달지라도
생각이 한순간에 죽을 때에 이르면
그 맛은 밀랍을 씹는 것 같아진다.
사람이 항상 병과 죽음을 걱정하면
헛된 것을 멀리하고 참답게 살리라.

色慾火熾, 而一念及病時, 便興似寒灰。
名利飴甘, 而一想到死地, 便味如嚼蠟。
故人常憂死慮病, 亦可消幻業而長道心。

🌸 025

앞을 다투는 길은 좁으니
한 걸음만 뒤로 물러서면
저절로 그것만큼 넓어진다.
짙은 맛은 오래가지 못하니
조금만 맑고 담백하게 하면
저절로 그것만큼 오래간다.

爭先的徑路窄, 退後一步, 自寬平一步。
濃艶的滋味短, 清淡一分, 自悠長一分。

🌸 026

바쁠 때 마음이 흔들리지 않으려면
한가할 때 생각을 맑게 해야 하고
죽을 때 마음이 움직이지 않으려면
살았을 때 사물을 꿰뚫어 봐야 한다.

忙處不亂性, 須閑處心神養得淸。
死時不動心, 須生時事物看得破。

027

속세를 떠나서 살아가면
영화와 욕됨이 사라지고
도의를 지키며 살아가면
선악과 시비가 사라진다.

隱逸林中，無榮辱。
道義路上，無炎涼。

028

더위는 반드시 떨칠 필요가 없으니
더위를 괴로워하는 마음을 버리면
몸은 항상 맑고 서늘한 곳에 머문다.
가난은 떨칠 수 있는 것이 아니니
가난을 걱정하는 마음을 버리면
마음은 언제나 안락한 곳에 머문다.

熱不必除，而除此熱惱，身常在清涼臺上。
窮不可遣，而遣此窮愁，心常居安樂窩中。

029

앞으로 나아갈 때 물러설 때를 생각하면
울타리에 걸리는 재앙을 면할 수가 있고
일을 시작할 때 먼저 끝낼 때를 생각하면
호랑이를 타는 위험에서 벗어날 수 있다.

進步處, 便思退步, 庶免觸藩之禍。
著手時, 先圖放手, 纔脫騎虎之危。

탐하는 자는 금을 나눠줘도 옥을 얻지 못한 것을 한탄하고
높은 벼슬에 올라도 제후로 봉해지지 않은 것을 원망하니
권세가 있고 부귀해도 스스로 구걸을 좋아하는 것과 같다.
만족한 사람은 나물국을 좋은 음식보다도 맛있게 여기고
삼베로 된 두루마기를 입어도 털옷보다 따뜻하게 생각하니
넉넉하게 잘살지는 못해도 높은 사람을 부러워하지 않는다.

貪得者, 分金恨不得玉。封公怨不受侯, 權豪自甘乞丐。
知足者, 藜羹旨於膏粱。布袍煖於狐狢, 編民不讓王公。

🦋 031

세상에 이름을 내세우는 것은
숨기고 살아가는 것보다 못하고
남보다 일을 더 잘하는 것은
줄이고 한가로운 것보다 못하다.

矜名，不若逃名趣。
練事，何如省事閑。

032

고요한 삶을 좋아하는 사람은
흰 구름과 말 없는 바위를 보고도
인생의 깊은 이치를 깨닫는다.
영화로운 삶을 좋아하는 사람은
고운 노래와 아름다운 춤을 통해
일상의 권태로움을 떨쳐 버린다.
오로지 스스로 깨달은 사람만이
시끄러운 것도 고요한 것도 없고
영화로운 것도 쇠락한 것도 없으니
어디를 가더라도 즐거움이 넘친다.

嗜寂者，觀白雲幽石而通玄。
趨榮者，見淸歌妙舞而忘倦。
唯自得之士，無喧寂，無榮枯，無往非自適之天。

033

구름이 산봉우리에 외롭게 피어나
가고 싶은 대로 어디든 흘러가고
밝은 달이 텅 빈 하늘에 솟아올라
고요함과 시끄러움을 잊은 듯하네.

孤雲出岫, 去留一無所係。
郞鏡懸空, 靜躁兩不相干。

오래가는 맛은 진한 술에 있지 않고
콩을 씹고 물을 마실 때 느낄 수 있다.
슬픈 마음은 쓸쓸할 때 생기지 않고
피리를 불고 거문고를 탈 때 생겨난다.
진한 맛은 언제나 오래가지 못하고
담백한 맛이 오직 참됨을 알 수 있다.

悠長之趣, 不得於醲釅, 而得於啜菽飮水。
惆悵之懷, 不生於枯寂, 而生於品竹調絲。
固知濃處味常短, 淡中趣獨眞也。

035

선종에 배고프면 먹고 피곤하면 자라고 했으며
시지에 눈앞의 경치요 입가의 말이라고 했으니
대개 아주 뛰어난 것은 아주 평범한 것에 있고
지극히 어려운 것은 지극히 쉬운 것에서 나온다.
뜻이 있는 사람은 도리어 참된 것에서 멀어지고
뜻한 것이 없는 사람은 저절로 가까이 다가간다.

禪宗曰，饑來喫飯倦來眠。
詩旨曰，眼前景致口頭語。
蓋極高寓於極平，至難出於至易，
有意者反遠，無心者自近也。

036

강물은 흘러가도 물가에는 소리가 없으니
시끄러운 곳에서도 고요히 살아가야 한다.
산이 높을지라도 구름은 거리낌이 없으니
생겨나서 사라지는 이치를 깨달아야 한다.

水流而境無聲, 得處喧見寂之趣。
山高而雲不碍, 悟出有入無之機。

037

나무가 우거진 숲은 경치가 아름답지만
가꾸고 빠져들면 소란스러운 곳이 된다.
글씨와 그림을 즐기는 일은 우아하지만
탐을 내고 빠져들면 장사치가 되고 만다.
대체로 마음이 깨끗하고 얽매이지 않으면
속세에서 살아가도 신선이 머무는 곳이고
마음이 얽매이고 아쉬움을 버리지 못하면
아무리 좋은 곳도 거친 바다가 되고 만다.

山林是勝地。 一營戀, 便成市朝。
書畵是雅事。 一貪癡, 便成商賈。
蓋心無染著, 欲界是仙都。
心有係戀, 樂境成苦海矣。

038

시끄럽고 어수선한 때를 만나면
평상시 기억이 모두 아득해지고
마음속이 고요하고 편안해지면
전날 잊은 일도 또렷이 떠오른다.
고요함과 시끄러움이 조금 갈려도
어둠과 밝음은 분명하게 나눠진다.

時當喧雜, 則平日所記憶者皆漫然忘去。
境在淸寧, 則夙昔所遺忘者又恍爾現前。
可見靜躁稍分, 昏明頓異也。

039

갈대꽃으로 지은 이불을 덮고서
눈 위에 누워 구름 속에 잠드니
밤기운이 움집처럼 가득 깃드네.
댓잎으로 만든 술잔을 기울이며
노래를 읊조리고 달빛을 즐기니
세속의 온갖 티끌이 다 떨어지네.

蘆花被下，臥雪眠雲，保全得一窩夜氣。
竹葉杯中，吟風弄月，躱離了萬丈紅塵。

040

높은 벼슬아치 일행이 지나가는 길에
명아주 지팡이를 든 노인이 섞여 있으면
고상하고 멋진 풍치를 한층 더하지만
고기잡이와 나무꾼이 지나가는 길에
관복을 입은 벼슬아치가 섞여 있으면
도리어 세속적 기운만 더 드러날 뿐이다.
진실로 짙은 것은 담백한 것보다 못하고
속된 것은 참된 것보다 못함을 알 수 있다.

衮冕行中, 著一藜杖的山人, 便增一段高風。
漁樵路上, 著一衮衣的朝士, 轉添許多俗氣。
固知濃不勝淡, 俗不如雅也。

속된 세상에서 벗어나는 길은
세상을 살아가는 가운데 있으니
반드시 사람들과 인연을 끊고
세상에서 달아날 필요는 없다.
마음을 깨끗하게 하는 공부는
마음을 다하는 가운데 있으니
반드시 가슴속의 욕망을 없애고
마음을 재처럼 만들 필요는 없다.

出世之道, 卽在涉世中。不必絶人以逃世。
了心之功, 卽在盡心內。不必絶慾以灰心。

042

내 몸이 언제나 한가한 곳에 머물면
누가 영욕과 득실로 움직일 수 있고
내 마음이 언제나 고요하고 편안하면
누가 시비와 이해로 어둡게 하겠는가.

此身常放在閒處，榮辱得失，誰能差遣我。
此心常安在靜中，是非利害，誰能瞞昧我。

043

대울타리 밑에서 개와 닭의 소리를 들으면
구름 속에서 살아가듯 황홀하기 그지없고
서재에서 매미와 까마귀의 울음을 들으면
비로소 고요 속에 깃든 세상을 볼 수 있다.

竹籬下，忽聞犬吠鷄鳴，恍似雲中世界。
芸窓中，雅聽蟬吟鴉噪，方知靜裡乾坤。

044

내가 영화를 누리려고 하지 않으면
어찌 이득과 봉록의 유혹을 걱정하고
내가 남보다 앞서려고 하지 않으면
어찌 벼슬살이의 위험을 느끼겠는가.

我不希榮，何憂乎利祿之香餌。
我不競進，何畏乎仕官之危機。

산림 속 샘물과 바위 사이를 거닐면
세속에 찌든 마음이 점점 깨끗해지고
시와 그림에 빠져 편안히 지내노라면
속세에 물든 기운이 점차 사그라든다.
군자는 놀이로 뜻을 잃어서는 안 되고
늘 처지에 맞게 마음을 다잡아야 한다.

徜徉於山林泉石之間,　而塵心漸息。
夷猶於詩書圖畫之內,　而俗氣漸消。
故君子雖不玩物喪志,　亦常借境調心。

봄날의 기상은 활발하고 화려하여
사람의 마음을 한껏 들뜨게 하지만
흰 구름 떠가고 맑은 바람 불어오는
가을날 정취를 따를 수가 있겠는가.
난초와 계수나무는 향기를 흩날리고
강물과 하늘은 같은 색으로 물들며
하늘에 뜬 달이 강물에 환히 비치니
사람의 몸과 마음은 함께 깨끗해진다.

春日氣象繁華, 令人心神駘蕩, 不若秋日雲白風淸。
蘭芳桂馥, 水天一色, 上下空明, 使人神骨俱淸也。

047

글자 한 자 알지 못해도 시심이 우러나면
시를 짓는 사람의 참된 뜻을 알 수 있고
게송 한 구절 읊지 못해도 선의 맛을 알면
선교의 심오한 이치를 깨달을 수 있으리라.

一字不識, 而有詩意者, 得詩家眞趣。
一偈不參, 而有禪味者, 悟禪敎玄機。

048

마음이 흔들리면 활 그림자가 뱀으로 보이고
누워 있는 바위가 엎드린 호랑이처럼 보이니
이는 마음속에 살기가 뒤섞여 있기 때문이다.
마음이 편하면 돌 호랑이가 갈매기로 보이고
개구리 우는 소리가 마치 음악처럼 들려오니
마주치는 것마다 모두 다 아름답게 다가온다.

機動的, 弓影疑爲蛇蝎, 寢石視爲伏虎, 此中渾是殺氣。
念息的, 石虎可作海鷗, 蛙聲可當鼓吹, 觸處俱是眞機。

049

몸은 매여 있지 않은 배와도 같으니
떠나가든 머무르든 그대로 둬야 한다.
마음은 이미 재가 된 나무와 같으니
칼로 베든 향을 바르든 무슨 상관이랴.

身如不繫之舟，一任流行坎止。
心似旣灰之木，何妨刀割香塗。

050

사람은 꾀꼬리가 지저귀면 좋아하지만
개구리의 울음소리를 들으면 싫어하고
꽃을 보면 가꾸고 싶은 생각을 하지만
잡초가 눈에 띄면 뽑아 버리려고 하니
이는 모양과 기세만을 보기 때문이다.
만약 타고난 성품대로 그것들을 본다면
어느 것이 스스로 본성을 드러내지 않고
스스로 자라려 하지 않는 것이 있겠는가.

人情, 聽鶯啼則喜, 聞蛙鳴則厭,
見花則思培之, 遇草則欲去之。但是以形氣用事。
若以性天視之, 何者非自鳴其天機, 非自暢其生意也。

051

머리칼이 빠지고 이가 벌어지면
헛된 몸이 죽어가는 것을 알고
새들이 지저귀고 꽃이 만발하면
본성이 참된 진리임을 깨닫는다.

髮落齒疎, 任幻形之彫謝。
鳥吟花笑, 識自性之眞如。

052

마음속에 욕심이 가득 찬 사람은
차가운 연못의 물이 끓는 듯하니
산속에서도 고요함을 느끼지 못한다.
마음이 깨끗이 비어 있는 사람은
무더운 날씨에도 서늘함을 느끼니
번잡한 곳에서도 시끄러움을 모른다.

欲其中者, 波沸寒潭, 山林不見其寂。
虛其中者, 涼生酷暑, 朝市不知喧。

🦋 053

가진 것이 많은 사람은 잃는 것도 많으니
가난해도 걱정 없는 사람이 부자보다 낫다.
높은 자리에 있는 사람은 오래가지 못하니
천해도 편안한 사람이 귀한 사람보다 낫다.

多藏者厚亡, 故知富不如貧之無慮。
高步者疾顚, 故知貴不如賤之常安。

🦋 054

동틀 무렵 창가에서 주역을 읽다가
솔잎에 맺힌 이슬로 붉은 먹을 가네.
한낮에 책상에 앉아 불경을 논하니
대숲에서 불어온 바람에 풍경이 우네.

讀易曉窓, 丹砂硏松間之露。
談經午案, 寶磬宣竹下之風。

화분에 심은 꽃은 끝내 생기를 잃어버리고
새장 속에 갇힌 새는 제 모습을 잃고 만다.
산속의 꽃이 한데 모여 아름답게 피어나고
새들이 여유롭게 이리저리 마음껏 날듯이
마음이 가는 대로 한가롭게 살아가야 한다.

花居盆內，終乏生機。鳥入籠中，便減天趣。
不若山間花鳥，錯集成文，翺翔自若，自是悠然會心。

056

사람들은 자신을 너무 참되다고 여기고
온갖 즐거움과 괴로움에 빠져든다.
옛사람이 이르기를
"내가 있다는 것도 알지 못하는데
어떻게 남이 귀한 것을 알겠는가?"라고 했다.
또 이르기를
"이 몸이 내 몸이 아닌 것을 알면
어찌 괴로움이 다시 찾아들겠는가?"라고 했다.
참으로 이치에 맞는 말이다.

世人只緣認得我字太眞, 故多種種嗜好, 種種煩惱。
前人云, 不復知有我, 何知物爲貴。
又云, 知身不是我, 煩惱更何侵。眞破的之言也。

057

늘은이의 마음으로 젊을 때를 돌아보면
서두르고 다투는 마음을 버릴 수가 있고
몰락한 마음으로 화려한 때를 돌아보면
호화롭고 사치스러운 것을 잊을 수 있다.

自老視少, 可以消奔馳角逐之心。
自瘁視榮, 可以絶紛華靡麗之念。

058

인정과 세태는 갑자기 변하여 만 갈래로 갈라지니
지나치게 참된 것으로 생각해서는 절대로 안 된다.
요부가, 어제 내 것이 오늘 도리어 그의 것이 되고
오늘 내 것이 내일 누구 것이 될지 모른다고 했다.
사람이 언제나 이러한 마음으로 사물을 바라보면
가슴속에 얽혀 있는 것들을 풀어 버릴 수 있으리라.

人情世態, 倏忽萬端, 不宜認得太眞。
堯夫云, 昔日所云我, 而今却是伊,
不知今日我, 又屬後來誰。
人當作是觀, 便可解却胸中冐矣。

바쁘고 시끄러울 때 냉정하게 살펴보면
괴로운 생각을 많이 떨쳐 버릴 수 있고
어렵고 쓸쓸할 때 따뜻한 마음을 지니면
참다운 즐거움을 많이 느낄 수 있으리라.

熱鬧中，著一冷眼，便省許多苦心思。
冷落處，存一熱心，便得許多眞趣味。

060

마음을 즐겁게 하는 것이 있으면
곧 즐겁지 않게 하는 것이 생기고
눈앞에 아름다운 광경이 펼쳐지면
곧 아름답지 않은 광경이 나타나니
평범하게 먹고 벼슬 없이 살아가야
편안하고 즐겁게 지낼 수 있으리라.

有一樂境界，就有一不樂的相對待。
有一好光景，就有一不好的相乘除。
只是尋常家飯素位風光，纔是個安樂的窩巢。

🦋061

난간에 드리운 발을 높이 걷어 올리고
푸른 산이 뱉어내는 하얀 구름과
맑은 강물이 머금은 안개를 바라보면
천지는 거리끼는 것이 없음을 알 수 있다.
대나무가 엉기성기 숲을 이룬 곳에서
새끼를 치는 제비와 구구거리는 비둘기가
계절을 보내고 맞이하는 것을 보면
나와 만물을 모두 잊어버릴 수 있다.

簾櫳高敞，看靑山綠水呑吐雲煙，識乾坤之自在。
竹樹扶疎，任乳燕鳴鳩送迎時序，知物我之兩忘。

062

이룩한 것이 무너진다는 사실을 알면
이루려고 마음을 굳건히 다지지 않고
살아 있는 것이 죽는다는 사실을 알면
굳이 목숨을 지키려고 애쓰지 않는다.

知成之必敗, 則求成之心, 不必太堅。
知生之必死, 則保生之道, 不必過勞。

옛날 덕을 높이 쌓은 스님이 이르기를
"대 그림자가 섬돌을 쓸어도 먼지는 나지 않고
둥근달이 연못에 잠겨도 물결은 일지 않는다."고 했다.
우리 유가의 선비가 이르기를
"물이 빠르게 흘러도 가장자리는 항상 고요하고
꽃잎이 하염없이 떨어져도 마음은 늘 한가롭다."고 했다.
사람이 언제나 이런 마음으로 사물을 바라보면
몸과 마음이 어찌 자유롭지 않을 수 있겠는가.

古德云, 竹影掃階塵不動, 月輪穿沼水無痕.
吾儒云, 水流任急境常靜, 花落雖頻意自閑.
人常持此意, 以應事接物, 身心何等自在.

🌑 064

숲속 솔바람과 바위틈 샘물 소리를
고요한 가운데 듣고 있노라면
천지가 스스로 내는 소리임을 알 수 있다.
풀숲 안개와 물에 비친 구름의 그림자를
한가한 가운데 바라보고 있노라면
천지가 가장 아름답다는 것을 알 수 있다.

林間松韻石上泉聲, 靜裡聽來, 識天地自然鳴佩。
草際烟光水心雲影, 閒中觀去, 見乾坤最上文章。

065

눈으로 서진의 폐허를 보면서도
도리어 날카로운 칼날을 자랑하고
몸은 북망산 여우와 토끼의 것이어도
아직도 황금을 소중하게 여긴다.
옛말에 맹수를 길들이기는 쉬워도
사람의 마음은 굴복시키기 어렵고
산골짜기는 쉽게 메울 수 있어도
사람의 마음은 채우기 어렵다고 했으니
참으로 옳은 말이다.

眼看西晉之荊榛，猶矜白刃。
身屬北邙之狐兔，尚惜黃金。
語云，猛獸易伏，人心難降。
谿壑易滿，人心難滿，信哉。

066

마음속에 바람과 물결이 일지 않으면
가는 곳마다 모두 청산과 녹수이고
천성에 만물을 기르려는 마음이 있으면
어디로 가든 물고기가 뛰고 솔개가 난다.

心地上，無風濤，隨在皆靑山綠水。
性天中，有化育，觸處見魚躍鳶飛。

🌕 067

높은 관을 쓰고 큰 띠를 두른 벼슬아치라도
가벼운 도롱이를 입고 작은 삿갓을 쓴 사람이
정처 없이 떠돌며 편안히 살아가는 것을 보면
한숨을 내쉬면서 한탄하지 않을 수 없으리라.
긴 자리를 펴고 넓은 좌석에 앉은 부자라도
성긴 발을 치고 깨끗한 책상에 앉은 사람이
얽매이지 않고 고요히 살아가는 것을 보면
정겨움과 부러움을 느끼지 않을 수 없으리라.
사람들은 꼬리에 불을 붙인 소처럼 내달리고
암말처럼 암내를 풍기며 남을 꾀려고 할 뿐
타고난 천성을 스스로 즐기려고 하지 않는다.

峨冠大帶之士,　一旦睹輕蓑小笠,
飄飄然逸也,　未必不動其咨嗟。
長筵廣席之豪,　一旦遇疏簾淨几,
悠悠焉靜也,　未必不增其綣戀。
人奈何驅以火牛,　誘以風馬,　而不思自適其性哉。

물고기는 물속에서 돌아다니지만
물에서 살아가는 것을 잊어버리고
새는 바람을 타고 날아다니지만
바람이 있다는 것을 알지 못한다.
사람이 이러한 사실을 알게 되면
재물을 쌓으려는 마음을 버리고
하늘의 뜻을 따라 살 수 있으리라.

魚得水逝，而相忘乎水。
鳥乘風飛，而不知有風。
識此，可以超物累，可以樂天機。

069

여우가 무너진 섬돌 위에서 잠을 자고
토끼는 허물어진 누대 위를 내달리니
모두가 지난날 노래하고 춤추던 곳이다.
찬 이슬이 노란 국화를 움츠리게 하고
안개는 말라 버린 풀 사이로 스며드니
모두가 그 옛날 전쟁을 벌이던 땅이다.
세상의 성쇠가 어찌 항상 그대로이고
강하고 약한 것이 어찌 따로 있겠는가.
이를 생각하면 마음이 재와 같이 되리라.

狐眠敗砌, 兎走荒臺, 盡是當年歌舞之地。
露冷黃花, 烟迷衰草, 悉屬舊時爭戰之場。
盛衰何常, 强弱安在。念此, 令人心灰。

070

총애를 받든 굴욕을 당하든 흔들리지 않고
뜰 앞에 피고 지는 꽃들을 한가히 바라보노라.
떠나고 머무는 것에 마음을 두지 않고
하늘 멀리 모이고 흩어지는 구름을 바라보노라.
맑은 하늘에서 밝은 달이 환히 비추니
어느 하늘인들 날아오르지 못하겠느냐마는
부나비는 밤마다 홀로 촛불을 찾아 날아든다.
맑은 샘물이 솟아나고 푸른 풀이 자라니
어느 것인들 먹고 마시지 못하겠느냐마는
부엉이는 오로지 썩은 쥐만을 좋아하는구나.
아, 세상에 부나비와 부엉이가 아닌 사람이 몇이나 될까.

寵辱不驚, 閒看庭前花開花落.
去留無意, 漫隨天外雲卷雲舒.
晴空朗月, 何天不可翺翔 而飛蛾獨投夜燭.
淸泉綠卉, 何物不可飮啄 而鴟鴉偏嗜腐鼠.
噫, 世之不爲飛蛾鴟鴉者, 幾何人哉.

🌸 071

떗목에 올라 떗목을 버릴 생각을 하면
그는 얽매이지 않고 살아가는 도인이다.
당나귀를 타고 또다시 당나귀를 찾으면
끝내 아무것도 깨닫지 못하는 선사이다.

纔就筏, 便思舍筏, 方是無事道人。
若騎驢, 又復覓驢, 終爲不了禪師。

072

권세 있는 귀족이 용처럼 날뛰고
영웅이 호랑이처럼 맞서 싸우지만
냉철한 눈으로 그들을 바라보면
개미가 누린내를 찾아서 모여들고
파리들이 피를 다투는 것과 같다.
옳음과 그름이 벌떼처럼 나타나고
득실이 고슴도치 털처럼 생겨나도
냉정한 마음으로 이를 지켜보면
대장장이가 풀무로 쇠를 녹이고
끓는 물이 눈을 녹이는 것과 같다.

權貴龍驤, 英雄虎戰, 以冷眼視之, 如蟻聚羶, 如蠅競血。
是非蜂起, 得失蝟興, 以冷情當之, 如冶化金, 如湯消雪。

🦋 073

물욕에 빠져들면 인생의 슬픔을 알게 되고
편안히 본성을 따르면 삶의 기쁨을 느낀다.
슬픔을 알면 곧 속세의 정을 떨칠 수 있고
기쁨을 느끼면 절로 성인의 경지에 이른다.

羈鎖於物欲, 覺吾生之可哀。
夷猶於性眞, 覺吾生之可樂。
知其可哀, 則塵情立破。
知其可樂, 則聖境自臻。

🌸 074

가슴속의 물욕이 남김없이 사라지면
마음은 화롯불에 눈이 녹는 것 같고
얼음이 햇볕에 녹아내리는 듯하리라.
한 줄기 밝은 빛이 눈앞에 나타나면
마음은 푸른 하늘에 달이 뜬 것 같고
그 그림자가 물속에 비치는 듯하리라.

胸中, 旣無半點物欲, 已如雪消爐焰氷消日.
眼前, 自有一段空明, 始見月在靑天影在波.

🌸 075

패릉교 위에서 시가 떠올라 가만히 읊조리니
숲과 산봉우리가 눈앞에 아득히 펼쳐져 있네.
경호 굽이에서 세상일을 잊고 홀로 걸어가니
산과 시내가 스스로 마주하고 서로를 비추네.

詩思在灞陵橋上, 微吟就, 林岫便已浩然.
野興在鏡湖曲邊, 獨往時, 山川自相映發.

076

오랫동안 때를 기다리면 반드시 높이 오르고
먼저 재능을 꽃피우면 홀로 일찍 시들고 만다.
이를 알면 길 잃을 걱정에서 벗어날 수 있고
참지 못하고 서두르는 마음을 버릴 수가 있다.

伏久者，飛必高。開先者，謝獨早。
知此，可以免蹭蹬之憂，可以消躁急之念。

077

나무는 죽어서 뿌리만 남겨진 뒤에야
꽃과 잎이 헛되이 화려했다는 것을 알고
사람은 죽어서 관 뚜껑을 덮은 뒤에야
자식과 재물이 쓸모가 없다는 것을 안다.

樹木至歸根，而後知花萼枝葉之徒榮。
人事至蓋棺，而後知子女玉帛之無益。

🌸 078

참된 공은 비어 있는 것이 아니니
형상에 얽매이는 것은 옳지 않으며
형상을 깨뜨리는 것도 옳지 못하다.
묻노니 세존이 무엇이라고 했는가.
"세상에 살면서 세상에서 벗어나라."
욕심을 따르는 것은 괴로운 일이고
욕심을 버리는 것도 괴로운 일이니
자신을 바르게 닦고 지켜야 하리라.

眞空不空。執相非眞，破相亦非眞。
問世尊，如何發付。在世出世。
徇欲是苦，絕欲亦是苦，聽吾儕善自修持。

079

곧은 선비는 제후의 자리도 마다하고
탐욕스러운 사내는 한 푼으로 다투니
인품은 하늘과 땅만큼 차이가 나도
명예와 이익에 대한 애착은 다르지 않다.
천자는 세상의 모든 나라를 다스리고
걸인은 아침저녁으로 끼니를 구걸하니
지위와 신분은 하늘과 땅만큼 벌어져도
애타는 마음과 목소리가 어찌 다르겠는가.

烈士讓千乘, 貪夫爭一文。
人品星淵也, 而好名不殊好利。
天子營國家, 乞人號饔飧。
位分霄壤也, 而焦思何異焦聲。

080

세상살이에 대하여 깊이 알고 나면
비가 오든 구름이 끼든 관심이 없고
눈을 뜨는 것조차도 귀찮게 여긴다.
사람의 마음을 모두 다 알고 나면
소로 부르든 말이라 하든 맡겨 두고
오로지 머리만을 끄덕거릴 따름이다.

飽諳世味, 一任覆雨飜雲, 總慵開眼。
會盡人情, 隨敎呼牛喚馬, 只是點頭。

지금 사람들은 오직 무념을 바라지만
끝끝내 무념의 경지에 이르지 못한다.
그러나 지나간 일들에 얽매이지 않고
다가올 일들에 마음을 쓰지 않으면서
현재의 인연을 따라서 힘써 나아가면
자연히 점차 무념의 경지에 이르리라.

今人專求無念, 而終不可無。
只是前念不滯, 後念不迎,
但將現在的隨緣, 打發得去, 自然漸漸入無。

082

뜻한 것은 자연스럽게 이루어야
드높은 경지에 오를 수가 있고
만물은 제 모습을 잃지 않아야
비로소 참다운 본성이 드러난다.
만약 조금이라도 바꾸려고 하면
본래의 멋은 곧 사라지고 만다.
백씨가, 마음은 고요할 때 즐겁고
바람은 절로 불 때 맑다고 했으니
실로 깊은 뜻이 담겨 있는 말이다.

意所偶會, 便成佳境。
物出天然, 纔見眞機。
若加一分調停布置, 趣味便減矣。
白氏云, 意隨無事適, 風逐自然清。
有味哉 其言之也。

083

타고난 성품이 맑고 밝으면
배를 주리고 목이 마를지라도
심신이 편안하지 않을 수 없다.
마음의 바탕이 어둡고 흐리면
선을 논하고 게송을 읊더라도
모두가 정신을 어지럽힐 뿐이다.

性天澄徹, 卽饑喰渴飮, 無非康濟身心。
心地沈迷, 縱談禪演偈, 總是播弄精魂。

🌸 084

마음속에는 저마다 참다운 경지가 있으니
거문고와 피리가 없어도 편하고 즐거우며
향과 차가 아니어도 저절로 맑고 향기롭다.
모름지기 생각을 맑게 하고 마음을 비우고
걱정을 떨쳐 내고 형상에 얽매이지 않으면
비로소 참다운 경지에서 노닐 수 있으리라.

人心有個眞境, 非絲非竹而自恬愉, 不烟不茗而自淸芬。
須念淨境空, 慮忘形釋, 纔得以游衍其中。

🌸 085

황금은 광석에서 나오고 옥은 돌에서 나오니
겉모습만 살피면 참된 것을 얻을 수가 없다.
도는 술에서도 얻고 신선은 꽃 속에도 있으니
아무리 뛰어나도 세속을 떠나서는 아니 된다.

金自鑛出, 玉從石生。非幻, 無以求眞。
道得酒中, 仙遇花裡。雖雅, 不能離俗。

🐾086

천지에는 온갖 사물이 널려 있고
인류에는 갖가지 사정이 있으며
세상에는 별별 일이 다 일어난다.
속인의 눈에는 서로가 다르지만
도인의 눈으로 보면 한결같으니
어찌하여 번거롭게 나룰 것이며
어찌 취하고 버릴 것이 있겠는가.

天地中萬物, 人倫中萬情, 世界中萬事,
以俗眼觀, 紛紛各異。以道眼觀, 種種是常。
何煩分別, 何用取捨。

087

마음이 편하면 베 이불을 덮고 움집에 살아도
부드럽고 온화한 천지의 기운을 느낄 수 있다.
맛이 좋으면 명아주 국으로 밥을 먹은 뒤에도
맑고 깨끗한 인생의 참된 맛을 느낄 수가 있다.

神酣，布被窩中，得天地冲和之氣。
味足，藜羹飯後，識人生澹泊之眞。

얽매이고 벗어나는 것은 오직 마음에 달려 있으니
깨달음을 얻으면 푸줏간과 술집도 곧 극락이 된다.
그렇지 못하면 거문고와 학과 꽃과 풀을 벗하면서
비록 깨끗한 것을 즐기더라도 마귀가 가로막는다.
옛말에 마음이 편안하면 속세도 참된 경지가 되고
깨달음을 얻지 못하면 절간도 속세와 같다고 했으니
참으로 옳은 말이다.

纏脫只在自心。心了則屠肆糟店，居然淨土。
不然，縱一琴一鶴，一花一卉，嗜好雖淸，魔障終在。
語云，能休，塵境爲眞境。未了，僧家是俗家。信夫。

089

좁은 방에서 온갖 근심을 다 떨쳐 버리면
어찌 단청한 마룻대에 구름이 흘러가고
주렴을 올리니 비가 내린다고 말하겠는가.
석 잔 술에 진리 하나를 스스로 깨달으면
소박한 거문고 소리가 달빛 아래 흐르고
피리 소리가 바람에 실려 오는 것을 알리라.

斗室中，萬慮都捐，說甚畵棟飛雲，珠簾捲雨。
三杯後，一眞自得，唯知素琴橫月，短笛吟風。

🌸 090

만물의 소리가 잦아들고 적막할 때
문득 한 마리 새 울음소리를 들으면
마음에 온갖 그윽한 정취가 찾아든다.
많은 초목이 시들어 말라 죽은 뒤에
문득 한 가지에 핀 예쁜 꽃을 보면
마음에 한없이 맑은 기운이 솟아난다.
사람의 본성은 언제나 메마르지 않고
정신은 늘 깨어 있는 것을 알 수 있다.

萬籟寂廖中, 忽聞一鳥弄聲, 便喚起許多幽趣。
萬卉摧剝後, 忽見一枝擢秀, 便觸動無限生機。
可見性天未常枯槁, 機神最宜觸發。

백씨는, 몸과 마음을 그대로 놓아두고
묵묵히 하늘을 따르는 것이 낫다고 했다.
조씨는, 몸과 마음을 거두어 바로잡고
고요히 명상을 즐기는 것이 낫다고 했다.
놓아 버리면 떠돌아다니며 미쳐 날뛰고
거두면 메마르고 쓸쓸한 곳에 빠져드니
오직 몸과 마음을 잘 다스리려고 하면
모든 것을 자신의 손아귀에 움켜쥐고
거두고 놓는 것을 마음대로 해야 하리라.

白氏云, 不如放身心, 冥然任天造。
晁氏云, 不如收身心, 凝然歸寂定。
放者, 流爲猖狂。收者, 入於枯寂。
唯善操身心的, 欛柄在手, 收放自如。

🦋 092

눈 내린 밤에 달 밝은 하늘을 바라보면
마음도 어느새 같이 깨끗하고 밝아지며
봄바람 불고 따뜻한 기운이 실려 오면
생각도 저절로 부드럽고 너그러워지니
자연의 이치와 사람의 마음은 한결같다.

當雪夜月天，心境便爾澄徹。
遇春風和氣，意界亦自沖融。
造化人心，混合無間。

글은 서툴기 때문에 더 나아지고
도는 서툴기 때문에 깨닫게 되니
'서툴다'는 글자는 많은 뜻이 있다.
만약 복사꽃 핀 마을에 개가 짖고
뽕나무 사이에서 닭이 울어댄다면
얼마나 순박하고 정겨운 광경인가.
그러나 차가운 연못에 달이 비추고
고목 위에서 까마귀가 울어댄다면
잘 어울리지만 쓸쓸한 느낌이 든다.

文以拙進, 道以拙成。 一拙字, 有無限意味。
如桃源犬吠, 桑間鷄鳴, 何等淳龐。
至於寒潭之月, 古木之鴉, 工巧中, 便覺有衰颯氣象矣。

094

남을 부리며 살아가는 사람은
얻었다고 하여 기뻐하지 않고
잃었다고 해 슬퍼하지 않으니
대지가 모두 다 노니는 곳이다.
남이 시키는 대로 하는 사람은
어려운 일이 생기면 싫어하고
즐거운 일이 있으면 좋아하니
털끝만 한 것에도 얽매여 산다.

以我轉物者, 得固不喜, 失亦不憂, 大地盡屬逍遙。
以物役我者, 逆固生憎, 順亦生愛, 一毛便生纏縛。

095

이치가 어긋나면 일도 어긋나게 되니
일을 잊고 이치에만 얽매이는 사람은
그림자는 없고 몸만 있는 것과 같다.
마음이 쓸쓸하면 처지도 쓸쓸해지니
처지를 잊고 마음만 지키려는 사람은
누린내를 내며 파리를 쫓는 것과 같다.

理寂則事寂。遺事執理者, 似去影留形。
心空則境空。去境存心者, 如聚羶却蚋。

096

은자의 깨끗한 삶은 모두 얽매이지 않는 데 있다.
그러므로 술은 권하지 않는 것을 기쁨으로 여기고
바둑은 싸우지 않는 것을 이기는 것으로 여기며
피리는 구멍이 없어도 알맞은 것으로 여기고
거문고는 줄이 없어도 좋은 것으로 여기며
만남은 기약하지 않는 것을 참되게 여기고
손님은 맞고 보내지 않는 것을 편안히 여긴다.
만약 한 번 형식에 이끌려 행적을 더럽히면
곧 고통스러운 속세의 바다에 빠져들고 말리라.

幽人淸事, 總在自適。
故酒以不勸爲歡, 棋以不爭爲勝,
笛以無腔爲適, 琴以無絃爲高,
會以不期約爲眞率, 客以不迎送爲坦夷。
若一牽文泥跡, 便落塵世苦海矣。

🪷 097

태어나기 전의 모습이 어떠했을까를 생각해 보고
또 죽음 뒤에 오는 세상이 어떨까를 생각해 보면
온갖 상념이 재처럼 싸늘해지고 본성은 고요해져
절로 만물을 벗어나 생겨나기 전으로 돌아가리라.

試思未生之前，　有何象貌，　又思旣死之後，　作何景色，
則萬念灰冷，　一性寂然，　自可超物外遊象先。

🪷 098

병이 든 뒤에 건강을 보배로 여기고
고난이 닥쳐야 평화가 복인 줄 아니
이는 뒤늦은 깨달음에 지나지 않는다.
뜻밖에 얻은 복이 화의 근원이 되고
탐욕이 죽음의 원인임을 미리 안다면
그는 뛰어난 식견을 지닌 사람이리라.

遇病而後思强之爲寶，　處亂而後思平之爲福，　非蚤智也。
倖福而先知其爲禍之本，　貪生而先知其爲死之因，　其卓見乎。

🦋099

광대가 분을 바르고 연지를 찍으며
붓끝으로 아름답고 추하게 꾸미지만
이윽고 노래가 끝나고 막이 내리면
아름다움과 추함이 어디에 있겠는가.
바둑을 두는 사람이 앞뒤를 다투며
돌을 놓을 때마다 승부를 겨루지만
이윽고 대국이 끝나고 돌을 거두면
이기고 지는 것이 어디에 있겠는가.

優人傳粉調硃，效妍醜於毫端，俄而歌殘場罷，妍醜何存。
奕者爭先競後，較雌雄於著子，俄而局盡子收，雌雄安在。

100

꽃이 바람에 흔들리며 산뜻하게 피어나고
눈 덮인 땅에 밝은 달이 환히 비출지라도
마음이 고요한 사람만이 즐길 수 있으리라.
물가의 나무가 푸르고 시들기를 반복하고
대숲의 돌이 사라지고 나타나기를 거듭해도
한가한 사람만이 혼자서 즐길 수 있으리라.

風花之瀟洒, 雪月之空淸,　唯靜者爲之主。
水木之榮枯, 竹石之消長,　獨閒者操其權。

밭을 가는 농부와 시골 늙은이에게
닭고기와 백주를 말하면 좋아하지만
진수성찬에 관해 물으면 알지 못하고
낡은 두루마기와 베잠방이를 말하면
환한 표정을 지으면서 즐거워하지만
곤룡포에 관해 물으면 알지 못한다.
천성이 순수해 바람이 담백해서이니
이것이 곧 삶의 가장 높은 경지이다.

田夫野曳，語以黃鷄白酒，則欣然喜。問以鼎食，則不知。
語以縕袍短褐，則油然樂。問以袞服，則不識。
其天全，故其欲淡。此是人生第一個境界。

102

마음속에 자기 마음이 없는데
살펴서 무엇을 찾으려고 하는가.
석가가 말하기를 마음을 살피면
가로막는 것이 늘어난다고 했다.
만물의 근본은 하나일 뿐인데
가지런히 하여 무엇을 하려는가.
장자가 말하기를 가지런히 하면
같은 것을 스스로 나눈다고 했다.

心無其心, 何有於觀。釋氏曰, 觀心者重增其障。
物本一物, 何待於齊。莊生曰, 齊物者自剖其同。

피리 소리와 노래로 흥이 한창 무르익을 때
스스로 옷을 털고 일어나 멀리 떠나는 것은
달인이 손을 놓고 벼랑을 걷듯 부러운 일이다.
밤이 깊어 물시계가 이미 시간을 다했을 때
쉬지 않고 태연히 밤길을 걸어 다니는 것은
속된 선비가 세속에 빠지듯이 가소로운 일이다.

笙歌正濃處，便自拂衣長往，羨達人撒手懸崖。
更漏已殘時，猶然夜行不休，咲俗士沈身苦海。

마음을 아직도 다잡지 못했다면
마땅히 시끄러운 세속을 벗어나
욕심을 버리고 마음을 바르게 해
고요한 본성을 닦아야 할 것이다.
마음을 이미 굳세게 다잡았다면
마땅히 어지러운 세상에 섞여서
욕심이 생겨도 마음을 바르게 해
원만한 기품을 길러야 할 것이다.

把握未定, 宜絕跡塵囂,
使此心不見可欲而不亂, 以澄吾靜體。
操持旣堅, 又當混跡風塵,
使此心見可欲而亦不亂, 以養吾圓氣。

고요함을 좋아하고 시끄러움을 싫어하는 사람은
때로 사람을 멀리하고 고요한 곳으로 찾아간다.
사람을 멀리하면 자기만의 생각에 빠져 버리고
고요하게 지내면 움직여야 한다는 것을 모르니
어떻게 남과 나를 같은 눈으로 바라볼 수 있고
움직임과 고요함을 모두 잊어버릴 수 있겠는가.

喜寂厭喧者, 往往避人以求靜。
不知意在無人, 便成我相, 心着於靜, 便是動根,
如何到得人我一視, 動靜兩忘的境界。

106

산속에서 살면 가슴속이 맑고 시원해져
마주치는 것 모두가 아름답게 다가온다.
한적한 구름과 들녘에 노니는 학을 보면
세속에서 벗어나고 싶은 마음이 생기고
산골짜기 바위틈을 흐르는 샘물을 보면
마음을 깨끗이 씻고 싶은 생각이 든다.
늙은 전나무와 겨울 매화꽃을 어루만지면
꿋꿋하고 굴하지 않는 지조가 곧게 서고
모래밭의 갈매기와 물가의 사슴을 벗하면
거짓된 마음이 차분히 가라앉고 사라진다.
만약 한 번이라도 속세로 뛰어들게 되면
그 누구와 아무 관계를 맺지 않을지라도
자신도 곧 쓸모없는 존재가 되고 말리라.

山居, 胸次清洒, 觸物皆有佳思。
見孤雲野鶴, 而起超絕之思, 遇石澗流泉, 而動澡雪之思,
撫老檜寒梅, 而勁節挺立, 侶沙鷗麋鹿, 而機心頓忘。
若一走入塵寰, 無論物不相關, 卽此身亦屬贅旒矣。

107

때때로 찾아오는 흥겨움에 젖어들어
향긋한 풀밭을 맨발로 한가히 거니니
들새들이 마음을 놓고 벗으로 여기네.
아름다운 경치가 마음 깊이 파고들어
지는 꽃 밑에 앉아 옷깃을 풀어헤치니
흰 구름이 말없이 몰려와 함께 머무네.

興逐時來，芳草中，撤履閑行，野鳥忘機時作伴。
景與心會，落花下，披襟兀坐，白雲無語漫相留。

인생의 복과 화는 모두 생각하기에 달려 있다.
그러므로 석가가 이르기를
"이욕이 타오르면 가슴은 불구덩이가 되고
탐애가 지나치면 고통의 바다에 빠져들며
마음이 깨끗하면 뜨거운 불꽃도 연못이 되고
깨달음을 얻으면 배가 저 언덕에 오른다."고 했다.
생각이 조금만 바뀌어도 이내 이처럼 달라지니
어찌 조심하지 않을 수 있겠는가.

人生福境禍區, 皆念想造成。
故釋氏云, 利欲熾然, 卽是火坑。貪愛沈溺, 便爲苦海。
一念淸淨, 熱焰成池。一念警覺, 船登彼岸。
念頭稍異, 境界頓殊, 可不愼哉。

노끈으로 톱질하여 나무를 자르고
물방울이 떨어져 돌을 뚫으니
도를 닦는 사람은 힘써 나아가야 한다.
물이 모여들어 도랑을 이루고
참외는 익으면 꼭지가 떨어지니
도를 얻은 사람은 하늘의 뜻을 따라야 한다.

繩鋸木斷，水滴石穿。學道者，須加力索。
水到渠成，瓜熟蒂落。得道者，一任天機。

마음이 고요히 가라앉아 있을 때
문득 달이 뜨고 바람이 불어오니
인간 세상이 반드시 고해만은 아니로다.
마음이 세속에서 멀리 떠나가면
수레의 먼지와 말발굽 소리가 절로 사라지니
어찌 산을 그리며 괴로워하겠는가.

機息時，便有月到風來，不必苦海人世。
心遠處，自無車塵馬迹，何須痼疾丘山。

111

초목이 시들면 곧 뿌리 밑에서 새싹이 돋아나고
추운 겨울에도 봄기운은 날리는 재에 실려 온다.
죽이면서도 항상 살리려는 뜻을 지니고 있으니
이것으로 하늘과 땅의 마음을 헤아릴 수가 있다.

草木纔零落, 便露萌穎於根底。
時序雖凝寒, 終回陽氣於飛灰。
肅殺之中, 生生之意常爲之主, 卽是可以見天地之心。

112

비가 그친 뒤에 산의 모습을 바라보면
경치가 새삼 아름답다는 것을 깨닫는다.
밤이 깊고 고요할 때 종소리를 들으면
그 울림이 더욱 맑고 멀리 퍼져 나간다.

雨餘觀山色, 景象便覺新妍。
夜靜聽鐘聲, 音響尤爲淸越。

113

높은 곳에 올라가면 마음이 더없이 넓어지고
흐르는 물을 내려다보면 뜻이 한없이 커진다.
눈비 오는 밤에 책을 읽으면 정신이 맑아지고
언덕 위에 올라 휘파람을 불면 흥취를 더한다.

登高，使人心曠。臨流，使人意遠。
讀書於雨雪之夜，使人神淸。
舒嘯於丘阜之嶺，使人興邁。

114

마음이 넓으면 만 종의 녹도
질항아리처럼 하찮게 보이고
마음이 좁으면 한 올의 털도
수레바퀴와 같이 크게 보인다.

心曠，則萬鍾如瓦缶。
心隘，則一髮似車輪。

115

바람과 달과 꽃과 버들이 없으면
천지는 조화가 이루어지지 않고
바라고 좋아하는 것이 없으면
마음은 바탕이 갖추어지지 않는다.
오직 스스로 외물을 다스리고
외물의 지배를 받지 않으면
좋아하고 바라는 것이 하늘의 뜻이 되고
세속의 인정도 곧 참된 경지가 되리라.

無風月花柳，不成造化。無情欲嗜好，不成心體。
只以我轉物，不以物役我，則嗜慾莫
非天機，塵情卽是理境矣。

🌸 116

스스로 정진하여 깨달은 사람은
만물을 만물에 맡길 수가 있고
천하를 천하에 돌려주는 사람은
세속에서 세속을 벗어날 수 있다.

就一身了一身者, 方能以萬物付萬物。
還天下於天下者, 方能出世間於世間。

🌸 117

삶이 너무 한가로우면 헛된 생각이 절로 들고
너무 바쁘면 참다운 본성이 드러나지 않는다.
그러므로 군자는 심신에 근심이 없을 수 없고
아름다운 자연의 멋을 즐기지 않을 수가 없다.

人生太閒, 則別念竊生。 太忙, 則眞性不現。
故士君子不可不抱身心之憂, 亦不可不耽風月之趣。

사람의 마음은 흔들릴 때 참된 것을 잃는다.
아무 생각 없이 고요히 편하게 앉아 있으면
구름이 피어나면 한가롭게 함께 떠다니고
빗방울이 떨어지면 차분히 함께 맑아지며
새가 지저귀면 기쁜 마음으로 같이 노닐고
꽃이 떨어지면 맑고 깊게 스스로 깨닫는다.
참다운 경지가 아닌 곳이 어디에 있고
참된 본성을 지니지 않은 것이 어디에 있겠는가.

人心多從動處失眞。
若一念不生, 澄然靜坐,
雲興而悠然共逝, 雨滴而冷然俱淸,
鳥啼而欣然有會, 花落而瀟然自得。
何地非眞境。 何物非眞機。

119

자식이 날 땐 어머니가 위험하고
돈이 모이면 도둑이 엿보게 되니
기쁨이 어찌 근심이 아니겠는가.
가난하면 씀씀이를 줄이게 되고
병이 생기면 몸을 보살피게 되니
근심이 어찌 기쁨이 아니겠는가.
그러므로 삶의 이치를 깨친 사람은
순리와 역리를 같은 것으로 보고
기쁨도 슬픔도 모두 잊고 살아간다.

子生而母危, 錢積而盜窺, 何喜非憂也。
貧可以節用, 病可以保身, 何憂非喜也。
故達人當順逆一視, 而欣戚兩忘。

120

귀는 폭풍이 몰아치는 골짜기 같으니
남의 말을 들어도 머물지 않게 하면
옳음과 그름을 함께 떨칠 수 있으리라.
마음은 달빛이 스며드는 연못 같으니
비우고 아무것도 들어서지 않게 하면
남과 나 모두를 잊어버릴 수 있으리라.

耳根似飈谷投響, 過而不留, 則是非俱謝。
心境如月池浸色, 空而不著, 則物我兩忘。

사람들은 명예와 이익에 얽매여 살아가며
티끌 같은 세상이니 고통의 바다이니 하지만
구름이 푸른 산 위에 하얗게 피어나고
시냇물이 우뚝 솟은 바위 사이로 흐르고
꽃들이 피어나서 지저귀는 새들을 반기고
나무꾼의 노래가 골짜기에 울려 퍼지는 것을 모른다.
세상은 티끌도 아니고 고통스럽지도 않지만
사람이 스스로 티끌로 여기고 고통스러워할 뿐이다.

世人爲榮利纏縛, 動日塵世苦海,
不知雲白山靑, 川行石立, 花迎鳥笑, 谷答樵謳。
世亦不塵, 海亦不苦。彼自塵苦其心爾。

122

꽃은 반쯤 피었을 때 보고
술은 조금만 취하도록 마시면
참다운 흥취를 느낄 수 있다.
만약 활짝 피고 흠뻑 취하면
곧 나쁜 지경에 이르게 되니
채우려는 사람은 새겨야 한다.

花看半開，酒飮微醺，此中大有佳趣。
若至爛漫酕醄，便成惡境。履盈滿者，宜思之。

산나물은 사람이 물을 주지 않고
들새는 아무도 보살피지 않지만
그 맛은 모두 향기롭고 깔끔하다.
사람이 세상살이에 물들지 않으면
기품이 훨씬 더 나아지지 않겠는가.

山肴不受世間灌漑, 野禽不受世間豢養, 其味皆香而且冽。
吾人能不爲世法所點染, 其臭味不迥然別乎。

124

꽃을 가꾸고 대나무를 심으면서
학과 노닐고 물고기를 보더라도
반드시 깨닫는 것이 있어야 한다.
그 광경에 빠져 헤어나지 못하고
밖으로 드러나는 모습만 즐기면
유가의 입과 귀로 하는 학문이요
불가의 공에 매이는 것일 뿐이니
어찌 참된 멋을 느낄 수 있겠는가.

栽花種竹, 玩鶴觀魚, 又要有段自得處。
若徒留連光景, 玩弄物華, 亦吾儒之口耳, 釋氏之頑空而已,
何有佳趣。

🌸 125

산림에 묻힌 선비는 힘들게 살아가나
멋을 즐기며 스스로 넉넉하게 여기고
들판의 농부는 촌스럽고 소박하지만
자연 그대로의 모습을 다 지니고 있다.
만약 속된 사람들에게 한 번 빠져들면
이는 구렁텅이에 굴러떨어져 죽더라도
몸과 마음을 깨끗이 하는 것만 못하다.

山林之士，清苦而逸趣自饒。
農野之夫，鄙略而天眞渾具。
若一失身市井駔儈，不若轉死溝壑，神骨猶淸。

126

분수에 넘치는 복과 우연히 얻은 것들은
조물주의 미끼가 아니면 세상의 함정이니
이런 것들을 보고 눈을 멀리하지 않으면
그 술수 속으로 빠져들지 않을 수가 없다.

非分之福, 無故之獲, 非造物之釣餌, 卽人世之機阱。
此處著眼不高, 鮮不墮彼術中矣。

인생은 원래 한갓 꼭두각시놀음이니
오직 근본이 되는 것은 지켜야 한다.
실이 한 올이라도 헝클어지지 않으면
감고 푸는 것은 마음대로 할 수 있고
하고 마는 것은 자신에게 달려 있다.
남에게 털끝만큼도 끌려가지 않으면
그러한 놀이마당에서 벗어날 수 있다.

人生原是一傀儡, 只要根蒂在手。
一線不亂, 卷舒自由, 行止在我。
一毫不受他人提掇, 便超出此場中矣。

128

한 가지 좋은 일이 생기면 한 가지 나쁜 일이 생겨난다.

그러므로 세상은 늘 아무 일도 없는 것을 복으로 여긴다.

옛사람의 시에 이르기를

"그대에게 권하니 제후에 봉해진 것을 드러내지 말라.

장수 한 명의 공을 위해 만 명의 뼈가 마른다."고 했다.

또 이르기를

"천하의 모든 일이 언제나 바르게 돌아가면

칼이 칼집에서 천 년을 썩어도 아깝지 않다."고 했다.

비록 웅대한 뜻과 용맹한 기상을 지닌 사람이라도

모르는 사이에 얼음과 눈처럼 사라지고 말리라.

一事起, 則一害生。故天下常以無事爲福。

讀前人詩云, 勸君莫話封侯事, 一將功成萬骨枯。

又云, 天下常令萬事平, 匣中不惜千年死。

雖有雄心猛氣, 不覺化爲氷霰矣。

129

음탕한 여인이 지난 일들을 숨기고 비구니가 되고
세속에 빠져 살던 사람이 홧김에 불가에 들어가니
청정한 불문이 음란하고 사악한 무리로 넘치는구나.

淫奔之婦, 矯而爲尼。熱中之人, 激而入道。
淸淨之門, 常爲婬邪淵藪也, 如此。

130

파도가 하늘로 높이 치솟아 올라도
배에 탄 사람은 두려움을 모르지만
밖에서 보는 사람은 마음을 졸인다.
미치광이가 좌중에서 욕을 퍼부어도
자리에 있는 사람은 모른 체하지만
바깥에서 지켜보는 사람은 혀를 찬다.
그러므로 군자는 몸은 일에 파묻혀도
마음은 반드시 일에서 벗어나야 한다.

波浪兼天, 舟中不知懼, 而舟外者寒心。
猖狂罵坐, 席上不知警, 而席外者咋舌。
故君子, 身雖在事中, 心要超事外也。

사람이 살면서 조금씩 덜어내면
덜어낸 만큼 세속에서 벗어난다.
교제를 줄이면 분란이 적어지고
말을 줄이면 허물이 적어지며
생각을 줄이면 마음이 편안하고
슬기를 줄이면 혼돈이 사라진다.
날마다 덜지 않고 더하려고 하면
이 세상은 참으로 질곡일 뿐이다.

人生減省一分，便超脫一分。
如交遊減，便免紛擾。言語減，便寡愆尤。
思慮減，則精神不耗。聰明減，則混沌可完。
彼不求日減而求日增者，眞桎梏此生哉。

🦋 132

하늘이 내린 추위와 더위는 피하기 쉬워도
이 세상의 추위와 더위는 벗어나기 어렵고
이 세상의 추위와 더위는 벗어나기 쉬워도
마음에 있는 얼음과 숯불은 버리기 어렵다.
사람이 마음에 있는 얼음과 숯불을 버리면
가슴속은 온화한 기운으로 가득 차게 되고
어디로 가든지 따뜻한 봄바람이 불어오리라.

天運之寒暑易避, 人世之炎凉難除。
人世之炎凉易除, 吾心之氷炭難去。
去得此中之氷炭, 則萬腔皆和氣, 自隨地有春風矣。

133

차의 맛이 좋기만을 바라지 않으면
주전자 속의 차는 마를 날이 없고
술맛이 향기롭기만을 바라지 않으면
술통 속의 술도 마를 날이 없으리라.
소박한 거문고는 줄이 없어도 탈 수 있고
짧은 피리는 구멍이 없어도 불 수 있으니
비록 복희씨를 뛰어넘기는 어려워도
죽림칠현의 무리와는 벗할 수 있으리라.

茶不求精，而壺亦不燥。酒不求洌，而樽亦不空。
素琴無絃而常調。短笛無腔而自適。
縱難超越羲皇，亦可匹儔嵆阮。

134

불가의 '인연을 따른다'는 글자와
유가의 '본분을 지킨다'는 글자는
바다를 건널 때 쓰는 부낭과 같다.
대체로 세상길은 멀고도 아득하여
오직 일념으로 완전하기를 바라면
수많은 생각이 어지럽게 일어나니
처지에 맞추어 편안하게 살아가야
그릇된 곳으로 빠져들지 않으리라.

釋氏隨緣吾儒素位, 四字是渡海的浮囊。
蓋世路茫茫, 一念求全, 則萬緒紛起。
隨寓而安, 則無入不得矣。

채근담을 나서며

'채근담'이라는 울창한 숲속에서
한동안 하릴없이 한가히 노닐었다.
그곳에는 크고 작은 나무들이
어깨를 맞대고 사랑을 속삭였고
온갖 꽃들이 여기저기 피어나
벌과 나비의 발길을 멈춰 세웠다.
가끔씩 들려오는 맑고 고운 울음소리
새들은 짝을 지어 가는 세월을 노래했다.
그들과 많은 이야기를 나누었다.
내가 말하면 그들이 듣고
그들이 말하면 내가 듣고…….
그러다가 부둥켜안고 한 몸이 되었다.
문득 어디선가 나를 부르는 소리
또 다른 숲에서 누군가가 소리쳤다.
아쉬운 마음에 두리번거리며 숲을 나섰다.